L'HOMME PREMIER

HENRY de LUMLEY

L'HOMME PREMIER
PRÉHISTOIRE, ÉVOLUTION, CULTURE

© Éditions Odile Jacob, septembre 1998
15, rue Soufflot, 75005 Paris
Internet : http://www.odilejacob.fr

ISBN 2-7381-0404-5

Le code de la propriété intellectuelle n'autorisant, aux termes de l'article L.122-5, 2° et 3° a), d'une part, que les « copies ou reproductions strictement réservées à l'usage privé du copiste et non destinées à une utilisation collective » et, d'autre part, que les analyses et les courtes citations dans un but d'exemple et d'illustration, « toute représentation ou reproduction intégrale ou partielle faite sans le consentement de l'auteur ou de ses ayants droit ou ayants cause est illicite » (art. L. 122-4). Cette représentation ou reproduction, par quelque procédé que ce soit, constituerait donc une contrefaçon sanctionnée par les articles L. 335-2 et suivants du Code de la propriété intellectuelle.

INTRODUCTION

Il n'est pas de peuple qui n'ait son récit d'origine. C'est même ce qui définit son identité culturelle. Ainsi nous, les peuples du Livre, avons la Genèse et ne nous différencions les uns des autres que par la suite que nous lui donnons ; tandis que nos orientalistes et nos ethnologues nous ont fait connaître les récits des peuples qu'ils ont étudiés. Mais ce sont des mythes, ce qui ne les prive pas forcément de toute réalité. En cette fin de millénaire où les peuples se mélangent, assistent « en direct », dit-on, aux péripéties parfois dramatiques qui ajoutent de nouveaux épisodes à ces récits, où ils prennent conscience d'appartenir à une même humanité et se rassemblent dans des organisations communes pour tenter de surmonter leurs haines réciproques et leurs rivalités ancestrales ou pour les exorciser dans des fêtes sportives, la paléontologie humaine apparaît comme le récit d'origine de l'humanité tout entière ou réconciliée. On se souvient de l'émoi suscité par la découverte de Lucy et la conjecture de l'Ève noire.

Cette fois, le récit est scientifique, il est documenté par des faits d'observation – les vestiges fossiles de nos lointains ancêtres –, et il n'est plus édifiant, il ne nous donne plus de leçons pour nous guider dans le monde ou avec les autres. Ce livre n'est ni un cours de paléontologie humaine ni un essai théorique sur l'origine de l'Homme*. Il est à la fois plus modeste et plus exigeant : il présente au lecteur les pièces du dossier et l'état du savoir, sans feindre d'hypothèses ou de savoir plus que ce n'est le cas. Une idée, néanmoins, préside à ce livre, celle d'une corrélation entre l'évolution morphologique des espèces humaines qui se sont succédé ou ont coexisté dans l'espace et le temps, d'une part, et l'aventure culturelle de l'Homme, d'autre part. Ce n'est pas une idée spéculative.

Que trouvons-nous en effet dans nos sites de fouilles ? Des ossements humains mélangés à des débris d'outils qui gardent parfois les traces de l'objet auquel ils étaient appliqués, ultérieurement disposés dans des sépultures ou dans des nécropoles, ou autour d'un foyer

---

* Par convention, les paléontologues écrivent « Homme » pour désigner l'espèce humaine et « homme » pour désigner le sexe masculin.

INTRODUCTION

enceint par des restes de fondations, ou encore dans des grottes en surplomb de vallées sillonnées par un cours d'eau où viennent s'abreuver d'autres mammifères, représentés dans les fresques qui ornent les parois de la grotte et nous laissent saisis d'admiration.

Lorsque nous les disposons par genres et en séries, nous mettons en évidence les variations morphologiques du squelette – tantôt massif, tantôt gracile, tantôt grand, tantôt petit... – qui, dans le cas des os crâniens, se déploient toujours dans le même sens, celui d'une augmentation continue du volume cérébral. Et nous déroulons parallèlement les différentes étapes de l'aventure culturelle correspondante : invention de l'outil il y a 2,5 millions d'années, domestication du feu il y a 400 000 ans, premiers rites funéraires et acquisition de la pensée religieuse vers 100 000 ans, naissance de l'art vers 30 000 ans, pratique de l'agriculture et de l'élevage 6 000 ans avant J.-C., invention de la métallurgie 3 000 ans avant notre ère. Cette évolution s'arrêtera-t-elle avec l'Homme du Néolithique, l'Homme moderne ? Il n'y a aucune raison à cela ; il est donc vraisemblable que cet Homme du Néolithique coexistera avant d'être finalement supplanté par une autre espèce humaine dont nous pouvons déjà savoir qu'elle aura un volume crânien encore plus important, lui apportant de nouvelles facultés, de nouvelles compétences et de nouvelles performances.

Mais nous n'en sommes pas là et nous n'en savons pas plus. Ce livre présente au lecteur les éléments du puzzle sous forme de reproduction des pièces que nous exhumons des couches géologiques, en Afrique de l'Est, autour du Bassin méditerranéen, en Europe, en Asie, en Australie et en Amérique. Et il reconstitue le puzzle lui-même, laissant d'inévitables lacunes comme autant de cases vides que la recherche viendra remplir peu à peu, quitte même à recomposer et à réécrire le scénario.

Avant de commencer, il convient de s'entendre sur un certain nombre de termes qui donnent les repères chronologiques de cette évolution.

Âge avant le présent	Les grandes étapes de l'aventure humaine	Les civilisations préhistoriques	Évolution humaine
1 000	ÉCONOMIE DE PRODUCTION	Temps modernes — Moyen Âge — Gallo-Romain — Âge du Fer — Âge du Bronze — Chalcolithique — Néolithique	
5 000	Fortifications / Maisons et villages, sédentarisation		
10 000	Agriculture, élevage	MÉSO-LITHIQUE : Castelnovien, Tardenoisien	
		Épimagdalénien, Azilien	
15 000		PALÉOLITHIQUE SUPÉRIEUR : Magdalénien	
20 000		Épigravettien	
25 000		Solutréen	
30 000	Coloration des sols à l'ocre rouge	Gravettien, Aurignacien	*Homo sapiens sapiens*
35 000	Invention de l'art	Châtelperronien	
40 000			
50 000		PALÉOLITHIQUE MOYEN	
60 000			
70 000		Moustérien	*Homo neanderthalensis* et *Homo sapiens* ancien
80 000			
90 000	Premières sépultures		
100 000	ÉCONOMIE DE PRÉDATION : CUEILLETTE, CHASSE, PÊCHE		
200 000		PALÉOLITHIQUE INFÉRIEUR : Acheuléen	
300 000	Campements organisés en plein air		
400 000			
500 000	Domestication du feu		
600 000			
700 000			
800 000			*Homo erectus*
900 000			
1 000 000			
1 500 000		INDUSTRIES ARCHAÏQUES : Industries archaïques sur galets	*Homo habilis*
2 000 000	Localisation de l'habitat		*Australopithecus robustus*
2 500 000	Plus anciens outils taillés		*Australopithecus africanus*
3 000 000			*Australopithecus afarensis*
3 500 000			
4 000 000			
4 500 000			*Australopithecus ramidus*

Fig. 1. – *Évolution morphologique et culturelle de l'Homme.*

Chapitre 1

DES BIPÈDES ARBORICOLES

La découverte du premier Australopithèque remonte à 1925, lorsque Raymond Dart, professeur d'anatomie humaine à l'université de Witwatersrand à Johannesburg, explorant la grotte de Taung, dans la province du Transvaal en Afrique du Sud, trouva un ensemble de crânes de primates, en particulier de babouins, parmi une faune très riche de mammifères. Il observa sur l'un des crânes que le trou occipital était situé en dessous, et en conclut que ce crâne devait appartenir à un individu marchant debout. Il appela ce primate *Australopithecus africanus*, « Singe des pays du sud de l'Afrique » (*pithecus* = singe ; austral = pays du Sud ; *africanus* = d'Afrique).

Cette découverte a laissé sceptiques de nombreux chercheurs, avant de s'imposer. Raymond Dart et ses successeurs, comme Robert Broom et d'autres cher-

Carte 1 – *Carte des principaux gisements à Australopithèques et à* Homo habilis.

cheurs travaillant en Afrique du Sud, ont voulu faire de l'Australopithèque non seulement le premier primate bipède mais, pour ainsi dire, « le premier Homme ».

Depuis, plusieurs Australopithèques ont été mis au jour, en Éthiopie, au Kenya, en Tanzanie et en Afrique du Sud. Ils occupaient une vaste région, s'étendant sur toute l'Afrique de l'Est et l'Afrique du Sud : la vallée du Rift, ce grand fossé d'effondrement de l'écorce terrestre qui a commencé de se former à la fin de l'Oligocène.

Aujourd'hui, plusieurs espèces d'Australopithèques sont reconnues. Les fossiles les plus anciens sont assez rares. Une forme nouvelle a été découverte en décembre 1993 : *Australopithecus ramidus*. Il est connu grâce à divers morceaux de crâne, de mandibules et d'ossements du squelette postcrânien, qui ont été trouvés dans la moyenne vallée de l'Awash et qui datent de 4 400 000 ans ; grâce à la mandibule de Lothagam qui a été découverte au sud-ouest du lac Turkana et qui date de 5 500 000 ans ; à une dent mise au jour à Lukeino et qui date de 6 000 000 d'années ; à un humérus exhumé à Kanapoi et qui remonte à 4 000 000 d'années. Ce sont là les plus anciens Australopithèques connus.

Une autre forme, appelée *Australopithecus afarensis*, a été découverte à Laetoli (Tanzanie) et Hadar (Éthiopie). C'est de ce dernier gisement que provient le squelette de Lucy (AL 288) qui date de 3 100 000 ans. On possède beaucoup d'éléments de cet Australopithèque. Des empreintes de pieds, plusieurs mandibules et des dents éparses ont été découvertes en Tanzanie. Ces restes datent de 3 700 000 ans pour Laetoli à 3 100 000 ans pour ceux découverts dans les Afars.

Australopithecus africanus, le premier exhumé, serait alors une forme plus évoluée. Il n'est pas facile de la caractériser à partir des restes trouvés dans la grotte de Taung, car ce sont ceux d'un enfant. Mais depuis, un crâne, appelé Sts 5, qui appartenait sans doute à un individu féminin et qui date de 3 000 000 à 3 200 000 ans a été découvert.

À ces fossiles peuvent être ajoutées des formes encore plus évoluées appelées *Australopithecus robustus* et dont certains sont contemporains des premiers Hommes. Ainsi, en Afrique du Sud, l'Australopithèque appelé « Paranthrope », très robuste, est contemporain des premiers *Homo habilis*, et, en Afrique de l'Est, une forme encore plus robuste, aux très grosses dents, est dénommée *Australopithecus boisei*, ou *Olduvai, hominid 5*. Ces Australopithèques sont appelés « robustes » parce qu'ils sont beaucoup plus gros que les autres. Ils ont surtout de très grosses dents, notamment des molaires et des prémolaires usées comme des meules, et chez les mâles, des crânes à grosse superstructure, en particulier une crête sagittale. Ils ont été trouvés en Afrique du Sud, à Swartkrans et Kromdraai dans la province du Transvaal, en Afrique de l'Est à Olduvai, à l'est du lac Turkana et à Omo. Ils datent d'environ 2 000 000 à 1 700 000 ans. La disparition des derniers Australopithèques robustes est estimée vers 1 200 000 ans puisque quelques restes ont été trouvés dans la couche 2 d'Olduvai.

DES BIPÈDES ARBORICOLES

Les Australopithèques avaient une large extension sur le territoire africain. Outre les découvertes effectuées en Afrique du Sud, en Tanzanie, au Kenya et en Éthiopie, des restes ont été récemment mis au jour au nord du Tchad dans le désert de Djourab : *Australopithecus bahrelghazali*.

Ces diverses espèces connues se sont donc succédé dans le temps, de 6 000 000 à 1 700 000 ans. Il est possible de décrire quelques-uns de leurs traits caractéristiques. Ainsi, *Australopithecus ramidus* était petit de taille, il devait mesurer environ 80 centimètres de haut, et sa capacité crânienne – difficile à estimer car les os ne sont pas complets – devait être assez faible, plus faible que celle d'*Australopithecus afarensis*, moins de 300 centimètres cubes. L'étude de sa mandibule révèle qu'il était bien différent des grands singes. Par exemple, ses canines ne dépassent pas ou peu ses autres dents et il n'y a pas de diastème, c'est-à-dire d'espace entre la canine et la première prémolaire, ce qui l'inscrit dans le groupe des primates hominidés, qui ont acquis la station érigée bipède. L'étude des ossements fossiles confirme que si cette station érigée bipède est bien acquise, elle l'est imparfaitement, si bien que ces Australopithèques devaient être encore arboricoles. Qu'on s'imagine, au milieu de cette savane arborée de l'Est africain, des petits individus de 80 centimètres de haut, qui marchent debout mais qui passent une partie de leur vie dans les arbres.

Les nombreux restes d'*Australopithecus afarensis* nous les font mieux connaître. Ils devaient avoir entre 1,10 mètre et 1,30 mètre de haut, ils étaient donc relativement petits, mais sans doute plus grands que leurs prédécesseurs. Leur capacité crânienne était comprise entre 300 et 400 centimètres cubes, largement supérieure à celle des *Australopithecus ramidus*. Leur face, large et massive, se projetait encore en avant du crâne. Leurs membres étaient robustes. Les empreintes de pieds du site de Laetoli en Tanzanie, près du volcan Sadiman, permettent de savoir qu'ils avaient un mode de locomotion bipède (Fig. 2). Ces empreintes ont été prises dans une couche de cendres volcaniques qui se sont cristallisées sous l'action conjuguée des pluies et du soleil. Les soixante-douze empreintes d'hominidés témoignent qu'un grand individu, probablement un mâle, marchait lentement vers le nord, suivi d'un individu plus petit, peut-être une femelle, qui posait les pieds dans ses traces ; près d'eux, un individu plus jeune gambadait et, à un moment donné, s'est tourné pour regarder vers la gauche. L'étude de ces empreintes montre que le gros orteil était accolé aux autres doigts, comme chez l'Homme, et que les pressions plantaires exercées sur le sol ont un aspect tout à fait moderne. Toutefois, certaines formes de leur squelette, notam-

DES BIPÈDES ARBORICOLES

Fig. 2. – 26 mètres de piste d'empreintes de pieds d'Australopithèques, Laetoli, Tanzanie.

Fig. 3. – *Australopithecus africanus, Sterkfontein, Afrique du Sud.*

ment celle de leur omoplate, le rapport entre le bras et l'avant-bras, la forme de leur bassin, celle des os du pied surtout, laissent penser qu'ils menaient en grande partie une vie arboricole.

Forme encore plus évoluée, l'*Australopithecus africanus* avait une taille plus élevée, entre 1,30 mètre et 1,40 mètre. Sa face est toujours fortement proéminente par rapport au plan du crâne (Fig. 3).

Les espèces d'*Australopithecus robustus* sont très voisines l'une de l'autre, bien que celle d'Afrique de l'Est soit plus grande que celle d'Afrique du Sud. Leur taille est d'environ 1,50 mètre ; leur capacité crânienne de

DES BIPÈDES ARBORICOLES

l'ordre de 550 centimètres cubes ; leur face est massive et ses os malaires en façade la rendent un peu plate ; leurs orbites sont surmontées d'un épais bourrelet ; leurs molaires sont très volumineuses, très usées en surface, ce qui est typique d'un régime alimentaire graminivore (herbes, graines, racines et surtout graminées dont les tiges siliceuses usent fortement les dents) (Fig. 4 et 5).

Si l'on veut maintenant remonter à l'origine, aux tout premiers hominidés, bien des difficultés sont rencontrées parce que les premiers fossiles sont relativement rares. La découverte des restes d'*Australopithecus ramidus* nous a rapprochés de l'origine, mais nous en

Fig. 4. – *Site FLKNN1, Olduvai, Tanzanie.*

sommes encore loin. Les paléontologues biologistes moléculaires ont essayé de compléter cet arbre généalogique en cherchant à savoir quand ce groupe d'hominidés s'était séparé des grands singes.

Ils ont d'abord calculé la distance génétique entre l'homme actuel et les grands singes actuels, notamment le chimpanzé avec lequel nous avons 95 % de gènes en commun. Puis, en partant du principe que l'évolution se fait proportionnellement au temps, que le taux de mutation génique est une véritable horloge moléculaire, ils ont remonté jusqu'à une période comprise entre 10 000 000 et 7 000 000 d'années pour situer la divergence entre les premiers hominidés et les autres primates. Ces calculs restent à être confirmés par la découverte de nouveaux fossiles.

Les petits primates bipèdes se différencient nettement des grands singes. Ils présentent de nombreux caractères anatomiques distincts, et d'abord la station érigée bipède, même s'ils ne sont pas parfaitement bipèdes et vivent en partie dans les arbres. Par ailleurs, les canines ont régressé et ne dépassent plus les autres dents. L'acquisition de la station érigée bipède a entraîné un remaniement de toute l'architecture du squelette, en particulier de la forme du bassin, de la disposition des membres postérieurs, des relations entre les différentes parties des membres antérieurs. Elle a provoqué un développement du cerveau qui est devenu de plus en plus volumineux puisqu'il passe d'un peu moins de 300 centimètres cubes chez *ramidus* à 400 centimètres cubes chez *afarensis*, 450 centimètres cubes chez *africanus* et 500 à 550 centimètres cubes chez *robustus*.

On peut penser qu'une évolution graduelle conduisait progressivement de l'*Australopithecus ramidus* à ses successeurs *afarensis* puis *africanus*. Mais très tôt, sans doute à partir de la forme *afarensis*, s'est ouverte une nouvelle voie qui allait conduire aux formes robustes. Toutefois, aucun de ces groupes n'a jamais franchi le seuil de l'hominisation et ne peut être considéré comme véritablement humain.

Fig. 5. – *Crâne du Zinjanthrope, Olduvai, Tanzanie.*

Par exemple, ces individus parlaient-ils ? L'étude de la base du crâne des Australopithèques, en particulier de Sts 5, l'*Australopithecus africanus* chez qui elle nous est parvenue assez complète, ou de certains *robustus* trouvés soit à l'est du lac Turkana, soit à Olduvai, nous montre que cette base du crâne n'a pas encore eu la flexure qui permet le tractus vocal indispensable au langage articulé. Autrement dit, ces individus n'avaient pas un larynx assez bas et une cavité pharyngienne assez volumineuse pour produire un langage articulé. D'ailleurs, l'étude des empreintes endocrâniennes qui donnent une image de la surface du cerveau permet de noter que les aires du langage ne sont pas clairement individualisées, en particulier le cap de Broca et l'aire de Wernicke. Par conséquent, tout porte à croire que ces bipèdes arboricoles ne disposaient pas d'un langage articulé.

Par ailleurs, aucun outil taillé n'a pu être recueilli associé à l'une de ces formes d'hominidés. Il est possible d'imaginer qu'à l'instar des grands singes actuels, ils utilisaient des pierres ou des galets. Toutes les recherches pour en mettre au jour n'ont rapporté que des objets utilisés et pas d'outils aménagés. Des chercheurs ont pensé que les Australopithèques pouvaient avoir des outils mais les preuves se sont révélées inconsistantes. Les plus anciens outils taillés actuellement connus dans le monde ne dépassent pas 2 500 000 ans. Cela exclut donc

Des bipèdes arboricoles

que les plus anciennes souches d'Australopithèques – *ramidus, afarensis, africanus* – aient eu des outils ; cela n'exclut pas *a priori* que la souche *robustus* en ait eu, mais déjà *Homo habilis*, qui se définit justement par la fabrication et le maniement d'outils, avait fait son apparition. Il est donc permis de penser que les Australopithèques n'ont pas fabriqué d'outils.

Des humains, ces lointains ancêtres n'auraient donc partagé que la station érigée bipède. Ce mode de locomotion a constitué un facteur extrêmement important de l'évolution. Son acquisition est vraisemblablement liée à un changement de mode de vie. Elle ne s'est pas faite d'un seul coup mais progressivement, puisque les premiers hominidés étaient occasionnellement arboricoles.

Elle a entraîné une profonde transformation du squelette. Tout d'abord, les membres postérieurs se sont allongés, devenant plus grands que les membres antérieurs : les fémurs s'allongent, et les membres antérieurs, moins utilisés pour la locomotion, raccourcissent. La colonne vertébrale change de forme, elle passe d'une courbure cervicale puis dorsale à quatre courbures alternativement convexes et concaves : une courbure cervicale, une courbure dorsale, une courbure lombaire et une courbure sacrée. Le crâne, posé en équilibre au sommet de la colonne vertébrale, va s'enrouler autour d'un axe vestibulaire qui passe par les oreilles, l'occipital migrant sous le crâne, tandis que la proéminence faciale régresse. Et il va se déverrouiller : les muscles qui l'enserrent vont s'alléger, le crâne désenclavé va se dilater et le cerveau va pouvoir prendre de plus en plus d'ampleur.

Mais l'importance cruciale de la station érigée bipède est de libérer les mains. Les mains libérées des tâches de locomotion vont s'associer au système cérébral. C'est de ce dialogue, entre le cerveau qui conceptualise et la main qui agit, que jaillira un jour le premier outil de l'industrie d'*Homo habilis*. Dans l'évolution, cette association a joué un rôle primordial. La séquence d'événements majeurs qui conduisent à l'Homme est constituée par la station érigée bipède, la libération de la main et le développement du cerveau.

Avec 450 centimètres cubes chez l'*Australopithecus africanus*, le cerveau atteint un volume comparable à celui des plus grands singes. Encore faut-il tenir compte de la différence de taille, les grands singes pouvant atteindre 2 mètres de haut alors que les hominidés ne dépassaient guère 1 mètre. Et le volume n'est pas le seul facteur d'évolution cérébrale, la complexité en est un autre ; or l'étude des empreintes endocrâniennes montre que le cerveau de ces primates hominidés était déjà plus complexe que celui des singes.

Jusqu'à récemment, les recherches laissaient supposer que ces primates vivaient dans un paysage

DES BIPÈDES ARBORICOLES

découvert. Il est vrai que la phase tropicale de l'Oligocène s'est terminée vers 20 à 25 000 000 d'années. Il a été mis en évidence que, dès le début du Miocène, il y avait une dizaine d'espèces de grands singes en Afrique de l'Est, en particulier le Proconsul major qui est peut-être l'ancêtre commun des grands singes et de l'Homme. Au cours du Miocène, l'Afrique de l'Est devient moins humide, les forêts régressent, et les espèces de grands singes se raréfient, elles passent de dix à deux ou trois espèces connues. Vers 5 000 000 d'années, à la fin du Miocène et au début du Pliocène, les premiers hominidés apparaissent : dans quel environnement ?

Leur milieu est beaucoup plus ouvert que la forêt tropicale de l'Oligocène. Il a été trop vite dit qu'ils sont apparus dans un paysage de savanes peu arborées. Les fouilles récentes, que ce soit dans les grottes de Sterkfontein et de Makapansgat en Afrique du Sud ou celles qui ont conduit à la découverte de l'*Australopithecus ramidus* en Éthiopie et de l'*Australopithecus bahrelghazali* au Tchad, montrent que ce paysage n'était pas aussi découvert que prévu. C'est plutôt dans un milieu forestier et humide que ces hominidés ont fait leurs premiers pas. Ils ne se sont pas redressés parce qu'ils étaient dans la savane et qu'ils devaient lever la tête au-dessus des herbes, mais parce qu'ils étaient la cible d'un processus évolutif qui leur a permis d'acquérir la station érigée bipède. Cette acquisition s'est faite dans un paysage de savane arborée ou de forêts qui commençaient à s'éclaircir. C'est ce qui explique que leur bipédie n'était pas exclusive d'une vie arboricole occasionnelle.

Le fait de les y avoir découverts ne signifie pas que les Australopithèques vivaient dans des grottes. Dart avait trouvé dans la grotte de Taung, puis dans celle de Makapansgat où il avait beaucoup fouillé, plusieurs crânes d'Australopithèques, en particulier de ce qu'il avait appelé l'*Australopithecus prometheus*. Il croyait même que les os noircis qu'il avait exhumés, et qu'il imaginait brûlés, indiquaient que ces hominidés avaient maîtrisé le feu, qu'ils étaient devenus maîtres de la savane, tuant notamment les grands singes et les grands herbivores dont les ossements jonchaient le site, qu'ils étaient en un mot devenus carnivores. En fait, il s'agissait tout simplement d'ossements colorés par le manganèse. Il avait même vu une industrie – qu'il avait appelée « ostéodontokératique » – dans les ossements fracturés dont il faisait des outils. On sait aujourd'hui que ce n'était rien de tel mais des os brisés par des carnivores. Ces hominidés n'étaient pas chasseurs, l'usure de leurs dents montrant qu'ils n'étaient pas carnivores mais végétariens. Ils pouvaient éventuellement se procurer des protéines en mangeant des petits animaux, des insectes ou des petits reptiles. Ils ne vivaient pas dans ces grottes, la plupart des ossements, y compris les leurs, y ont été transportés par des hyènes.

    Le fait essentiel, du point de vue de l'évolution, est que ces petits primates assurent la transition à la station érigée bipède. Au début, ils sont arboricoles, et ils cessent de l'être progressivement en s'adaptant à la locomotion bipède, en marchant de mieux en mieux debout.

Chapitre 2

LE PREMIER HOMME

En 1960, Phillip Tobias et Louis Leakey décrivent à Olduvai, dans le site FLKNN1 qui date de 1 750 000 ans environ et où le Zinjanthrope, Australopithèque robuste, avait déjà été trouvé, les éléments d'un crâne d'une nouvelle espèce qu'ils ont appelée *Homo habilis*. Dans la même région, dans la même niche écologique, vivaient en même temps des hominidés robustes et graminivores, et ces premiers Hommes plus petits et plus graciles.

Depuis, des *Homo habilis* ont été recueillis dans de nombreuses régions, à peu près les mêmes, d'ailleurs, que celles où ont été découverts des Australopithèques : en Éthiopie, dans la vallée de l'Omo, et dans le Middle Awash ; au Kenya, en particulier à l'est et à l'ouest du lac Turkana ; en Tanzanie, notamment à Olduvai, on l'a vu ; récemment au Malawi, enfin en

Afrique du Sud, en particulier dans les couches supérieures du site de Sterkfontein *(Sterkfontein Extension)*, alors que dans les couches inférieures avaient été trouvés des Australopithèques graciles, des *Australopithecus africanus*. Homo habilis a donc une répartition comparable à celle des Australopithèques, peut-être plus vaste, mais l'état actuel des découvertes ne permet pas de préciser rigoureusement leurs territoires respectifs.

Le statut d'*Homo habilis* est très discuté. La définition donnée par Phillip Tobias et Louis Leakey a d'abord été acceptée par la communauté des chercheurs, puis l'unité de l'espèce a été contestée et son existence même mise en doute. Une forme aux dents plus épaisses, plus robustes – *Australopithecus rudolfensis* –, dont on se demande s'il s'agit d'une sous-espèce d'*Homo habilis*, d'une espèce proche mais différente, ou s'il ne s'agit pas d'un Australopithèque robuste, voire *africanus* devenu plus robuste, a même été exhumée. Malgré ces controverses, il est possible de dire qu'*Homo habilis* vient après les Australopithèques, qu'il est contemporain des derniers d'entre eux, qu'il s'en différencie par son aspect plus gracile et son plus gros cerveau.

Dans l'état actuel de nos connaissances, les *Homo habilis* les plus anciens remontent à 2 000 000 ou 3 000 000 d'années, à 2 500 000 années dans la vallée de l'Awash. Le plus récent, *Homo 13*, découvert dans la couche 2 d'Olduvai, date de 1 300 000 ans. *Homo habilis* aurait donc vécu plus de 1 000 000 d'années. Il est remarquable qu'à l'origine d'*Homo habilis*, il y a 2 500 000 ans, il reste encore des *Australopithecus africanus* et que les premiers *Australopithecus robustus* apparaissent. Entre 2 000 000 et 1 700 000 ans, *Homo habilis* est contemporain d'*Australopithecus robustus*. Vers 1 600 000 ans, *Australopithecus africanus* a disparu, mais *Homo habilis* côtoie les derniers Australopithèques robustes et les premiers *Homo erectus*, puisque ceux-ci, *Homo 1500, 3733*, etc., datent d'environ 1 500 000, 1 600 000, 1 650 000 ans. *Homo habilis* est donc à la fois contemporain des derniers Australopithèques et des premiers *Homo erectus*.

Homo habilis n'était pas très grand, mais tout de même plus grand que les Australopithèques. Tout laisse penser qu'il mesurait de 1,20 mètre à 1,50 mètre et qu'il ne pesait guère que 30 à 40 kilos. Puis on s'est aperçu qu'il existait des *habilis* plus grands, en particulier dans les gorges d'Olduvai où l'un d'eux mesurait environ 1,60 m. Il semble donc qu'il y ait eu une grande variabilité dans l'espèce, ce qui peut poser le problème de son unité.

Les crânes mis au jour montrent que le cerveau d'*Homo habilis* est plus volumineux, il dépasse 600 centimètres cubes : ce volume marque la séparation entre

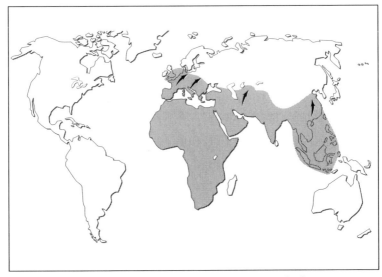

Carte 2 – *Ce sont les* Homo erectus *qui, sortant du berceau africain, envahissent les zones tempérées.*

les grands singes ou les hominidés et les Hommes véritables. Et l'éventail volumétrique est assez ouvert puisqu'il va de 600 à 775 centimètres cubes. En effet, l'*Homo 1470* découvert à l'est du lac Turkana a une capacité crânienne de 775 centimètres cubes.

En ce qui concerne la forme du crâne, l'observation indique que le front commence à apparaître, un front embryonnaire, extrêmement bas et fuyant. Un bourrelet se forme au-dessus des orbites. Les os malaires sont encore en façade, la face est assez prognathe. *Homo habilis* témoigne donc d'une évolution graduelle, il prolonge l'évolution des Australopithèques : il est différent d'*Australopithecus africanus*, mais il présente aussi une continuité.

Ainsi *Homo habilis* réalise-t-il parfaitement la station debout. C'est un parfait bipède qui a totalement abandonné la vie arboricole. Un pied a été trouvé dans la couche 1 d'Olduvai qui montre qu'*Homo habilis* avait une voûte plantaire très bien formée, avec la double courbure transversale et longitudinale. Par ailleurs, d'autres éléments de son squelette font voir que c'était absolument un Homme.

Quelle est alors sa position phylétique ? Il existe autant d'arbres généalogiques que de paléoanthropologues, mais il est tout de même possible de dire qu'*Homo habilis* s'inscrit en continuité dans l'évolution des Australopithèques depuis l'origine, caractérisée par l'acquisition de la station érigée bipède et l'abandon progressif de l'arboricolisme. Sous ce double aspect, l'évolution aboutit à *Homo habilis*. Au niveau du développement cérébral, en revanche, *Homo habilis* marque un tournant dans l'évolution.

D'une part, il prolonge la trajectoire de l'accroissement continu du volume cérébral qui se traduit, notamment, par un réaménagement de la face. Le cerveau gagnant en hauteur, le front commence à apparaître, le crâne s'enroule autour de l'axe vestibien, c'est-à-dire de l'axe qui passe par les oreilles ou les canaux semi-circulaires. Cet enroulement se traduit par une rotation de l'arrière du crâne en dessous de celui-ci, en même temps que l'emboutissement de la face aussi sous lui, mais par-devant. Le cerveau a pu se développer en changeant de morphologie : il s'est réduit en longueur et s'est agrandi en hauteur et en largeur.

Les empreintes endocrâniennes permettent d'étudier les reliefs du cerveau. Sur ce plan, *Homo habilis* constitue un infléchissement décisif de l'évolution antérieure. En effet, l'apparition des aires du langage, les aires de Broca sur la circonvolution frontale gauche et de Wernicke sur la circonvolution temporale gauche, est notable. Apparaît aussi un palais assez profond qui permet à la langue de se déployer et d'articuler des sons. Par ailleurs, l'enroulement autour de l'axe vestibien, dont nous venons de parler, a produit une flexure de la base du crâne donnant un tractus vocal déjà beaucoup plus humain : l'œsophage s'est élargi et le larynx est descendu.

Si aucun préhistorien n'a jamais trouvé de paroles fossiles – encore que, selon Georges Charpak, il ne soit pas impossible de repérer un jour des enregistrements de sons dans les microsillons des poteries façonnées sur un tour –, *Homo habilis* n'en présente pas moins toutes les conditions anatomiques requises du langage articulé qu'il devait posséder sous une forme très primitive.

Mais surtout, *Homo habilis* est associé à l'apparition des tout premiers outils. Les Australopithèques n'étaient pas capables de fabriquer des outils. Ils pouvaient utiliser des objets, comme des pierres ou des bâtons, mais c'étaient des objets utilisés et non pas manufacturés. L'outil est un objet manufacturé. Il est créé en fonction de son utilisation : trancher, couper, tailler. Il réalise un projet et présuppose donc un modèle préalable, une représentation mentale.

Les outils en bois ne nous sont pas parvenus : *Homo habilis* a dû en fabriquer, notamment des épieux. Seuls les outils en pierre nous ont été conservés. Pour transformer un bloc de pierre en objet utile, les gestes devaient se succéder dans un certain ordre, et cet ordre implique un savoir-faire. L'outil témoigne de l'émergence d'une pensée conceptuelle. Il introduit dans l'histoire de l'univers une nouvelle dimension, la dimension culturelle.

De nombreuses observations prouvent que des animaux peuvent se servir d'un objet naturel pour effectuer certains travaux. Les chimpanzés, très friands de termites, ont imaginé d'introduire une brindille dans un orifice de termitière et d'attendre que les soldats termites s'y agglutinent pour la retirer. La loutre de mer, qui vit sur la côte pacifique de l'Amérique du Nord, consomme une grande quantité de mollusques lamellibranches. Pour ouvrir leurs coquilles, elle va chercher des galets volumineux qu'elle place sur sa poitrine en se retournant et en se maintenant dans l'eau. Elle arrive ainsi à briser, en les frappant contre cette enclume, les coquilles qu'elle tient entre ses pattes. Une variété de pinson des îles Galapagos a gardé un bec indifférencié. Afin de pallier l'insuffisante longueur de son bec, ce pinson cisaille une épine et s'en sert comme d'un harpon pour extraire des larves d'insectes logées dans le bois.

Il existe cependant des différences importantes entre l'utilisation d'objets manuels par l'animal et la fabrication d'outils par l'Homme. Chez l'animal, l'objet utilisé est instantanément oublié ; il n'est jamais ni conservé ni amélioré. L'Homme, au contraire, ne cesse de perfectionner l'outil qu'il conçoit. Ce n'est plus simplement un prolongement de la main dans une action fugitive, mais le témoignage d'une pensée conceptuelle spécifiquement humaine.

L'évolution se déroulait jusqu'alors sur l'axe morphologique, dans le sens d'une complexité croissante ; avec l'apparition de l'outil elle se déploie aussi sur un autre axe, celui de la culture, dans le sens, là encore, de la complexité croissante. L'histoire de l'Homme apparaît ainsi comme une course de relais, l'évolution culturelle accompagnant dans un premier temps l'évolution morphologique puis, alors que celle-ci s'essouffle, prenant son essor. Aujourd'hui l'évolution culturelle a pris le pas sur l'évolution biologique. Il y a peu de différence morphologique entre nous et les Hommes qui vivaient il y a 30 000 ans, mais il y a une très grande différence culturelle. Avec le langage articulé et les outils manufacturés a commencé il y a 2 500 000 ans la fabuleuse aventure culturelle de l'humanité.

Les plus anciens outils connus datent de 2 à 3 000 000 d'années. Par exemple dans un site de la vallée de l'Omo, le site Omo 71 découvert par Jean Chavaillon, quelques quartz taillés ont été trouvés dans des couches qui datent de 2 300 000 ans (Fig. 6). Depuis, d'autres outils ont été mis au jour dans différentes régions d'Afrique, vieux de 2 000 000 d'années dans la moyenne vallée de l'Awash, de 2 200 000 à 2 300 000 ans à l'ouest du lac Turkana. Les plus anciens outils taillés proviennent de Kada Gona, dans la région de Hadar dans les Afars : ils datent de 2 500 000 ans.

Les premiers outils sont des blocs de pierre qu'*Homo habilis* va chercher dans son voisinage, à quelques centaines de mètres, parfois à quelques kilomètres mais jamais très loin. Ce sont des roches dures, des quartz pour les plus anciens, parfois des quartzites, éventuellement des basaltes. *Homo habilis* prenait des galets ou d'autres blocs de matière première dont il débitait des éclats à l'aide d'une autre pierre servant de percuteur. Si l'éclat débité présente un tranchant sur toute la périphérie, il peut être extrêmement utile pour découper de la peau, de la viande, du bois, etc. En taillant un galet, il est possible de fabriquer une sorte de hache primitive, en aménageant un tranchant par quelques éclats. Ce tranchant peut se présenter sur une seule face – c'est un *chopper* – ou sur les deux faces – c'est un *chopping-tool* –, deux sortes de haches primitives qui ont dû jouer un très grand rôle dans le mode de vie des premiers Hommes, pour désarticuler les animaux consommés. Ont aussi été retrouvées dans des niveaux contemporains d'*Homo habilis* des sortes de boules sphéroïdales à multiples facettes, appelées tantôt « sphéroïdes » tantôt « polyèdres », qui devaient être des outils percuteurs ou de jet.

Ces premiers Hommes ont eu un mode de vie différent de celui des Australopithèques. Le climat s'est asséché, le paysage s'est éclairci, la forêt a reculé. Ils ne sont donc plus du tout arboricoles, ils s'installent dans un milieu découvert. Dans certaines régions, des campements de base importants qui témoignent d'un habitat proprement humain ont été mis en évidence. Les grands singes n'ont pas de campement de base, ils passent la nuit là où ils se trouvent. Les gorilles comme les chimpanzés peuvent aménager des nids dans des arbres ou des abris en bordure de forêt pour passer la nuit, mais ils ne construisent rien d'un tant soit peu durable. Alors qu'*Homo habilis* a édifié un véri-

Fig. 6. – Chopping-tool, *Omo 71, Éthiopie.*

table habitat dans lequel il revient chaque soir. Il s'agit par exemple d'un cercle de 8 mètres de diamètre environ, composé de blocs de basalte qui ont été charriés à cet endroit, comme sur le site DK1 à Olduvai en Tanzanie (Fig. 7 et 8).

Ce mode de vie implique un partage des tâches : les hommes s'occupent de l'approvisionnement en nourriture, les femmes s'occupent des enfants. Ces premiers Hommes sont en effet très vulnérables. Ils vivent à découvert, ils n'ont plus les arbres pour s'y réfugier et ils n'ont pas les armes naturelles des grands carnivores (crocs, griffes), ni les défenses naturelles des

Fig. 7. – *Campement de base, DK1, Olduvai, Tanzanie.*

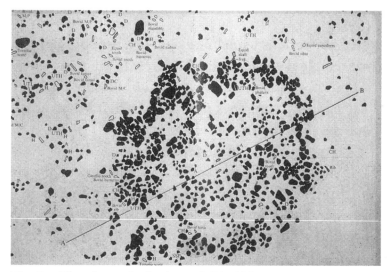

Fig. 8. – *Plan du cercle de pierres DK1, Olduvai, Tanzanie.*

herbivores (pattes agiles). C'est donc grâce aux outils qu'ils ont pu pallier leur dénuement.

L'examen des dents des *Homo habilis* indique qu'ils ont une alimentation carnée, à la différence des Australopithèques. Ce sont des dents plus graciles que celles des Australopithèques robustes. Outre la différence de taille, l'émail des molaires présente des stries horizontales et obliques qui témoignent d'une alimentation végétarienne chez les Australopithèques. Chez *Homo habilis*, par contre, les faces externes des molaires présentent des stries verticales qui indiquent une alimentation carnée.

C'est un autre point de rupture dans la chaîne de l'évolution, car c'est la première fois qu'un groupe d'hominidés ou de primates va orienter son alimentation vers la viande. Certes des chimpanzés qui mangent des charognes ont été observés, mais à titre d'alimentation secondaire, alors que chez *habilis* cela devient la nourriture essentielle comme l'atteste l'usure des dents.

Les *Homo habilis* ont d'abord été identifiés comme des chasseurs. Mais il a été démontré qu'ils étaient plutôt des charognards.

Dans de nombreux sites d'*Homo habilis* se trouvaient aussi des carcasses d'animaux dont la courbe de mortalité ressemble à une courbe naturelle, avec beaucoup de jeunes, beaucoup d'adultes âgés et peu d'adultes jeunes. Au contraire, quand il s'agit d'animaux chassés, les adultes jeunes prédominent. Ces fréquences statistiques évoquent déjà le charognage. Un autre argument est la découverte de carcasses d'animaux de grande taille. Par exemple, à l'est du lac Turkana a été exhumé un squelette complet d'hippopotame entouré d'éclats. Comment ces *Homo habilis* auraient-ils pu chasser un hippopotame ? Il est vraisemblable que cet animal soit mort naturellement. D'autre part, ces premiers Hommes ont pu s'approprier les dépouilles d'animaux abandonnés par un grand carnivore, lion, léopard, ou par des hyènes. Ils n'ont guère pu chasser que des petits animaux plus faciles à abattre.

Le premier Homme se caractérise par l'acquisition du langage articulé, l'invention de l'outil et les premiers campements de base. Ces trois innovations sont intimement liées et témoignent d'une réorganisation de la vie sociale : les Hommes devaient d'abord aller chercher des pierres, puis fabriquer les outils pour découper les peaux, désarticuler les carcasses de grands animaux, casser les os, puisqu'ils étaient devenus carnivores et particulièrement friands de moelle. Ils devaient sans doute faire aussi du charognage et peut-être un peu de chasse.

À part la hyène qui casse les os, les autres grands félins, les lions, les léopards, ne le font jamais. Même quand un agneau ou une antilope ont été dévorés par un lion, il reste encore un peu de nourriture, au moins la moelle des os, parfois celle du crâne. *Homo habilis* a dû commencer par récupérer ce que lui laissaient les grands carnivores. Enfin, ces premiers Hommes sont sans doute aussi les premiers chasseurs, et progressivement de véritables activités de chasse ont dû se substituer aux activités de charognage.

Le développement de l'outil, l'invention technologique et l'alimentation peuvent donc être liés. Il est possible d'associer aussi le développement du squelette à l'alimentation carnée. Les Hommes deviennent plus grands et ont un cerveau plus volumineux. La transformation du milieu social, enfin, est en relation avec cette évolution : l'Homme a quitté la forêt, il s'est installé dans la steppe, particulièrement dangereuse, si bien que les premiers groupes sociaux se sont organisés dans des campements de base. Ce mode de vie est très différent de celui des Australopithèques, qui sont à la fois bipèdes mais aussi, occasionnellement, arboricoles, et qui se réfugient en lisière de la forêt, dans les arbres. *Homo habilis*, lui, a définitivement quitté la forêt.

Son extension actuellement connue est à peu près celle des derniers Australopithèques, mais il est permis de penser qu'elle va s'élargir de plus en plus. *Homo habilis* sera toutefois supplanté par une forme appelée *Homo erectus* qui apparaît vers 1 600 000 ans alors qu'il

L'Homme premier

n'a pas encore tout à fait disparu. C'est l'*Homo erectus* qui va vraiment envahir tout le continent africain et qui va même être le premier hominidé, le premier Homme à quitter le continent africain ; il sera retrouvé dans le Sud-Est asiatique, en Asie et sur les rivages méridionaux de l'Europe.

Chapitre 3

LES GRANDS CHASSEURS

Les premiers *Homo erectus* apparaissent en Afrique de l'Est et du Sud dans les mêmes zones qu'*Homo habilis*. Les plus anciens connus datent d'environ 1 800 000 à 1 500 000 ans. Ils ont été trouvés à l'ouest et à l'est du lac Turkana, dans la région de Koobi Fora, en particulier dans le site KNMER 3733 : crânes (ER 3733, ER 3883), mandibules, os iliaque, (ER 3228), fémurs, tibias, humérus... Des squelettes complets ont été mis au jour à l'ouest du même lac Turkana dans plusieurs sites et notamment à Nariokotomé. D'autres squelettes ont été trouvés en Afrique du Sud, en particulier dans les couches supérieures de la grotte de Swartkrans : d'un âge comparable, ils avaient été appelés *Telanthropus*. Un *Homo erectus* ancien a également été découvert à Olduvai, au sommet de la couche 2 dans des dépôts qui datent d'environ

1 100 000 à 1 200 00 ans, par Louis Leakey, qui l'avait appelé « Little John » : *Olduvai Homo 9*, dont le torus sus-orbitaire très développé signe l'appartenance à l'espèce *erectus*. Ensuite, les *Homo erectus* deviennent de plus en plus nombreux et ont une extension de plus en plus large puisqu'ils vont occuper tout le continent africain entre 1 600 000 et 1 000 000 d'années, avant d'en sortir.

Il existe des *Homo erectus* beaucoup plus récents, comme l'Homme de Bodo en Éthiopie, qui date peut-être de 400 000 à 500 000 ans, ou de Ternifine, en Algérie, où ont été découverts un pariétal et trois mandibules datant peut-être de 500 000 à 600 000 ans : ni les uns ni les autres ne sont bien datés. En Afrique de l'Est, dans la vallée du Rift en particulier, des cendres volcaniques, interstratifiées dans des dépôts sédimentaires, permettent de bien dater certains sites, mais ce n'est pas toujours le cas.

Les *Homo erectus* sont des hominidés caractérisés par leur capacité crânienne moyenne de 1 000 centimètres cubes, entre 850 et 1 250 centimètres cubes. Leur crâne est allongé (dolichocéphale) et bas (platycéphale). L'os frontal est fuyant et peu convexe ; le pariétal aplati et rectangulaire ; l'occipital anguleux (pincement de l'arrière-crâne) avec un torus occipital plus ou moins développé. Les orbites, vastes et profondes, sont surmontées par un bourrelet (torus sus-orbitaire) très important. La face, haute et large, présente un prognathisme variable. L'orifice nasal est large. La fosse canine est peu marquée ou absente. L'os malaire est volumineux et disposé en façade, ce qui devait rendre les pommettes saillantes. Le crâne porte en général non plus une crête sagittale comme chez les Australopithèques robustes mais un petit bourrelet, une carène sur la ligne médiane, et ses parois sont très épaisses.

La mandibule est robuste, longue et épaisse, ses branches montantes sont larges, hautes et redressées. La symphyse est fuyante et dépourvue de menton. Les dents sont très proches de celles de l'Homme moderne, mais plus complexes et surtout plus volumineuses. La première molaire est plus petite que la seconde, elle-même plus petite que la troisième, alors que chez l'Homme moderne c'est l'inverse, la première est plus grosse que la seconde, elle-même plus grosse que la troisième.

Le squelette postcrânien, c'est-à-dire les os en dessous du crâne, diffère peu de celui d'*Homo sapiens*. Il présente néanmoins des traits qui indiquent une constitution corporelle robuste. Par exemple, les fémurs sont très épais, avec des apophyses très fortes ; les hanches et les épaules devaient être larges. On relève cependant, au fil du temps, une tendance très nette à la gracilisation.

Enfin les *Homo erectus* sont plus grands que les *Homo habilis*, ils mesurent en moyenne 1,60 mètre et peuvent atteindre jusqu'à 1,80 mètre.

Ils sont les premiers à quitter le berceau africain de l'humanité, après l'avoir entièrement colonisé, aux environs de 1 300 000 à 1 200 000 ans. Il n'y a vraisemblablement pas de restes humains ni d'industries plus anciens dans les autres parties du monde. Des découvertes d'outillages antérieurs ont souvent été annoncées, des dents et crânes qui dateraient de 1 800 000 ans, comme en Chine, ont été signalés en Indonésie, mais il a manqué chaque fois la preuve décisive, soit faute d'industries associées ou parce que les outils considérés comme taillés ne l'étaient pas réellement, soit faute de datation correcte du contexte stratigraphique ou parce que la datation n'était pas directement liée aux fossiles. Dans l'état actuel de nos connaissances, il semble que l'*Homo erectus* soit arrivé en Asie orientale, dans le Sud-Est asiatique et en Europe vers 1 300 000 ans.

D'ailleurs, les restes les plus anciens hors d'Afrique se trouvent au Proche-Orient, dans la vallée du Jourdain, qui prolonge la vallée du Rift sans discontinuité puisque la mer Rouge n'existait pas. Sur le site de Ubeidya, à l'est du lac de Tibériade, a été exhumée une industrie archaïque de bifaces, qui date d'environ 1 600 000 ans.

Récemment, a été trouvée en Géorgie, sur le site de Dmanisi, à environ 80 kilomètres au sud-est de Tbilissi, une mandibule humaine très bien conservée, avec toutes ses dents, associée à une industrie archaïque qui a environ la même antiquité, 1 600 000 à 1 800 000 ans. Ce site peut être considéré comme une pointe avancée de la pénétration des *Homo erectus* vers l'Eurasie à partir de la vallée du Rift.

Mais très rapidement, on retrouve ces *Homo erectus* disséminés dans le Vieux Monde. Et d'abord dans le Sud-Est asiatique (Fig. 9). Dès 1891, un médecin hollandais, Eugène Dubois, exhumait à Trinil, sur l'île

Fig. 9. – *La rivière Solo, Trinil, Java, Indonésie.*

de Java, une calotte crânienne (Trinil II), un fémur (Trinil I) et trois dents qu'il attribuait à une espèce intermédiaire entre le Singe et l'Homme. Et comme le fémur était bien rectiligne, il en avait conclu que cet hominidé devait marcher debout et l'avait appelé *Pithecanthropus erectus*. Aujourd'hui, le terme « Pithécanthrope » est tombé en désuétude et l'on parle d'*Homo*. Certes, les *Homo erectus* n'étaient pas les premiers qui marchaient debout. Les Australopithèques et les *Homo habilis* les avaient précédés. Mais le terme employé par Dubois a été conservé pour qualifier cette espèce du genre *Homo*. Les Pithécanthropes désignent

Fig. 10. – *Pithécanthrope 8 (Sangiron 17), Java, Indonésie.*

maintenant les *Homo erectus* qui vivaient dans le Sud-Est asiatique.

Depuis, de nombreux restes d'*Homo erectus* ont été découverts à Java : Sangiran, Sambumacan, Modjokerto, Ngandong. À Ngandong, onze calottes crâniennes furent découvertes en 1931 dans la formation de Notopuro et datées de 200 000 ans : elles appartiennent à une forme évoluée d'*Homo erectus*. Depuis 1936, des vestiges relativement anciens ont été découverts sur le site de Sangiran : une calotte crânienne (Sangiran 2), un palais et un arrière-crâne (Sangiran 4), un crâne presque complet (Sangiran 17) (Fig. 10), un autre arrière-crâne (Sangiran 31), de nombreuses mandibules et quelques rares éléments du squelette postcrânien. Ces restes proviennent des formations de Pucangan à Sangiran (mandibules A, B, C, D, F, crânes Sangiran 4, 31, ainsi que le crâne de Modjokerto) et datent de plus de 800 000 années. D'autres fossiles d'*Homo erectus* proviennent des formations de Kabuh (Trinil II, Sangiran 2, 17, 24, mandibule E), datée de 500 000 ans. Deux types de Pithécanthropes archaïques peuvent donc être distingués. Ceux qui proviennent des formations anciennes, les formations de Pucangan, qui sont des dépôts lacustres ou fluvio-lacustres de couleur sombre, datant de plus de 800 000 ans puisqu'ils sont entièrement compris dans la période paléomagnétique inverse de Matuyama. Les restes qui y ont été découverts témoi-

Fig. 11. – *Choukoutien (Loc. 1, grande coupe), Chine.*

gnent d'un *Homo erectus* particulièrement robuste. Et ceux qui proviennent des formations plus récentes, les formations de Kabuh, qui sont des dépôts fluviatiles de moins de 800 000 ans où la plupart des crânes de Pithécanthropes ont été trouvés.

Les *Homo erectus* ont également diffusé en Chine, où les paléontologues les ont appelés « Sinanthropes » *(Sinanthropus pekinensis)*. À 60 kilomètres au sud-ouest de Pékin, des groupes de chasseurs paléolithiques sont venus s'installer entre 500 000 et 250 000 ans dans un massif calcaire perforé de nombreuses grottes au nord du village de Choukoutien

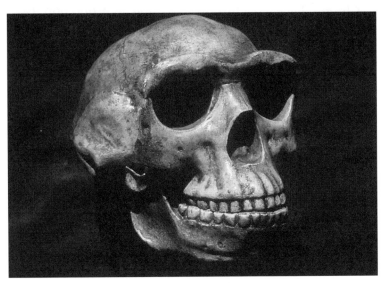

Fig. 12. – *Sinanthrope, Choukoutien, Chine.*

(Fig. 11). Les paysans chinois avaient appelé cette montagne « la Montagne du Dragon » parce qu'ils allaient ramasser dans les cavernes des fossiles qu'ils considéraient être des os de dragon. Ils les vendaient à des apothicaires qui en faisaient des médicaments, notamment des aphrodisiaques. De nombreux vestiges humains ont été découverts depuis 1929 dans le remplissage de la grande grotte (Localité 1) : 6 calottes crâniennes intactes (Fig. 12) et 9 fragmentées, 15 mandibules, 6 fragments de face, 153 dents, 7 fragments de fémur. Ils correspondent à une quarantaine d'individus. D'autres découvertes ont été effectuées comme celles des industries très anciennes de Hsih-Outu dans le Chansi, les restes humains d'environ 1 000 000 d'années – deux incisives supérieures – dans le comté de Yuanmou (province du Yunnan), associées à trois outils en quartz.

Il y a quelques années, un crâne d'*Homo erectus* a été exhumé en Inde centrale, dans la moyenne vallée de la Narmada, près de Hatnora. Nous savons donc qu'*Homo erectus* était présent en Inde, qu'il occupait des sites très riches en outillages comparables à ceux d'Afrique. Ainsi s'est développée dans les Siwaliks une industrie archaïque sur galet (Soanien) au tout début du Pléistocène moyen.

Enfin, en Europe, les *Homo erectus* apparaissent vers 1 000 000 d'années, peut-être même un peu plus

Fig. 13. – *Le Vallonnet. Coupe stratigraphique.*

Fig. 14. – *Le Vallonnet. Ossements de mammifères.*

tôt, sur les rivages méridionaux. Le site le plus ancien actuellement connu se trouve en effet en Croatie, c'est celui de la grotte de Sandalja dont la faune archaïque daterait d'un peu plus de 1 000 000 d'années et où un petit *chopper* en silex incontestablement taillé a été trouvé. Il existe aussi une grotte dans le sud de la France, la grotte du Vallonnet en Provence, datée par diverses méthodes de 950 000 ans, dont la faune archaïque comprend beaucoup de cerfs, mais aussi des grands bovidés, différentes espèces de rhinocéros et où quelques outils taillés ont été mis au jour (Fig. 13 et 14). Ces tout premiers Européens restent encore très mal connus malgré la multiplication des sites fouillés : Ca'Belvedere di Monte Poggiolo (Italie), Cave coopérative de Saint-Thibery (Hérault), Hautes Terrasses du Roussillon, Cueva Victoria (Espagne), Karlich A (Allemagne).

À partir de 700 000 ans, au début du Pléistocène moyen, à la faveur d'un réchauffement climatique, les *Homo erectus* ont envahi toutes les zones tempérées chaudes de l'Europe. On les retrouve, par exemple, dans le site de la Pineta en Italie, où a été mis au jour un campement de chasseurs d'éléphants, de bisons, de rhinocéros, daté de 730 000 ans. L'industrie y est très archaïque, elle comprend pour l'essentiel de nombreux galets aménagés, un petit outillage sur éclats assez fruste, polymorphe, peu standardisé, mais pas de bifaces. Celui-ci apparaît en Europe bien plus tard qu'en Afrique.

Plus tard, *Homo erectus* est retrouvé en France, à Abbeville et dans les couches inférieures de la Caune de l'Arago, située sur la commune de Tautavel dans les Pyrénées-Orientales. Nous avons eu la chance de découvrir, avec mon équipe, 78 vestiges humains appartenant à une vingtaine d'individus, adultes et enfants, la plupart provenant du sol G (complexe sommital) qui date de 450 000 ans : un crâne (face, frontal, pariétal), deux mandibules, un os iliaque, des fémurs, des péronés, de nombreuses dents. Des industries lithiques ont été trouvées dans tous les niveaux de remplissage (de 400 000 à 700 000 ans). Ces éléments nous permettent de reconstituer le portrait-robot de ces premiers habitants de l'Europe et de comprendre leur mode de vie.

Enfin, en 1960, des spéléologues ont découvert un crâne complet dans la grotte de Petralona située à 35 kilomètres de Thessalonique. L'âge de ce crâne, remarquablement bien conservé, est estimé à 200 000 ans. Une industrie lithique taillée en quartz a été mise au jour dans différents niveaux du remplissage. Mentionnons encore les sites de Karlich B et Mauer en Allemagne, de Stranska-Skala en Tchéquie et d'Azych en Azerbaïdjan.

Cette migration d'*Homo erectus* hors d'Afrique

dans toute l'Eurasie n'a pas été rendue possible par un changement de configuration continentale mais par le jeu des cycles climatiques. Les grandes variations qui ont eu lieu au Quaternaire, celles qui ont eu des conséquences profondes, se présentent sous la forme de cycles climatiques avec des périodes froides séparées par des périodes chaudes. Les périodes chaudes sont plus courtes que les froides. Les premières durent environ 20 000 ans, les secondes 80 000 ans, ce qui fait un cycle complet tous les 100 000 ans. Ce cycle a entraîné de grandes variations paléogéographiques, puisque pendant les périodes froides une partie des océans a été mobilisée sous forme de glace faisant baisser le niveau des eaux de 110 mètres et mettant à découvert des bras continentaux. Si bien que toutes les îles de la Sonde, par exemple Java, Sumatra, ainsi que Bornéo étaient reliées au continent. C'est pour cela que les *Homo erectus*, les Pithécanthropes, sont arrivés à Java : ils ne savaient pas naviguer, ils n'utilisaient pas de bateaux, ils y sont donc allés à pied sec. Inversement, à cette époque-là, l'Australie, la Nouvelle-Guinée et la Tasmanie formaient un seul continent qu'on appelle le continent de Sahul et qui n'a jamais été relié au continent asiatique. Il y a toujours eu un bras de mer, si bien que les *Homo erectus* n'y ont jamais pénétré. La Corse (ou la Sardaigne) n'a pas été habitée au cours du Quaternaire car les Hommes n'étaient pas capables d'y aller, faute de savoir naviguer. En revanche, l'Angleterre n'était pas une île pendant les périodes froides, elle était reliée au continent, et les Hommes ont pu y émigrer.

Les *Homo erectus* ont une industrie beaucoup plus évoluée que celle des *Homo habilis*. Au début, ils ont adopté l'industrie sur galets aménagés dite industrie olduvaienne – *choppers, chopping-tools* (Fig. 15, 16, 17), polyèdres, éclats –, mais cet outillage devient de plus en plus varié et de mieux en mieux stéréotypé. Au niveau supérieur de la couche 2 d'Olduvai ont été trouvées les premières pièces qui présentent une symétrie à la fois bilatérale et bifaciale, ce sont les bifaces. Le biface est un outil relativement évolué, généralement taillé sur un galet par des enlèvements sur les deux faces qui aménagent une pointe ou un tranchant transversal et deux bords latéraux convergents. C'est vers 1 200 000 ans en Afrique de l'Est que des *chopping-tools*, galets aménagés par des enlèvements sur les deux faces, passent progressivement à des bifaces. Très rapidement, cette acquisition de la notion de symétrie va se manifester dans de magnifiques bifaces, c'est-à-dire des outils allongés, taillés en pointe sur les deux faces par grands enlèvements envahissants, avec un tranchant bilatéral. Bien entendu, l'Homme n'a pas inventé la symétrie, celle-ci existe dans la nature, l'Homme lui-même présente une symétrie bilatérale, mais il en a pris conscience, il en

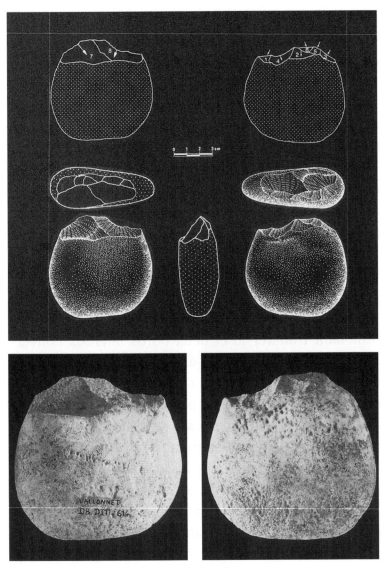

Fig. 15. – Chopping-tool, *grotte du Vallonnet, France.*

LES GRANDS CHASSEURS

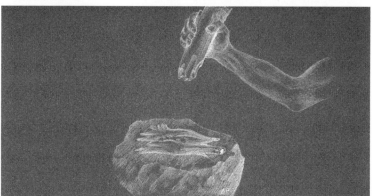

Fig. 16 et 17. – *Galet aménagé et os percuté de la grotte du Vallonnet, France.*

a acquis la notion qu'il a appliquée à la fabrication de ses outils.

Ces industries de bifaces vont se diversifier, des hachereaux apparaissent plus tard, le petit outillage sur éclats ou sur débris (racloirs, grattoirs, pointes) devient de plus en plus varié et de plus en plus stéréotypé. Mais il ne s'agit pas de véritables séries d'outils comme dans l'Acheuléen final ou le Moustérien. Les industries archaïques de bifaces sont généralement appelées « acheuléennes ». Même si les spécialistes considèrent qu'il vaudrait mieux le réserver aux industries de la Haute Terrasse de la Somme, ce terme a pris aujourd'hui une signification universelle, si bien que les préhistoriens du monde entier appellent « acheuléenne » toute industrie de bifaces. C'est ainsi que l'Acheuléen se retrouve en Afrique orientale, dans le Maghreb, en Égypte, au Sahara, dans les sites de plein air, en Afrique du Sud dans les alluvions des fleuves et dans les grottes, aussi dans certaines grottes du Moyen-Orient, de Turquie et du Caucase, en Inde et à Java. En Europe, les plus anciens bifaces apparaissent vers 700 000 ans et les civilisations acheuléennes se développent pendant tout le Pléistocène moyen. Elles s'individualisent vers 300 000 ans en groupes culturels bien définis.

Les Acheuléens ont amélioré leur habitat, développé leurs campements. Certains sites, comme celui de Olorgesailie au Kenya, recèlent un matériel d'une richesse exceptionnelle qui témoigne d'un habitat organisé et permanent. Les Hommes se sont installés au bord des rivières, au voisinage des points d'eau, parfois près des sources artésiennes comme à Ternifine en Algérie.

Leur mode de vie s'est considérablement amélioré. Les Hommes sont devenus de véritables chasseurs. Ils sont capables d'organiser des chasses collectives, si bien qu'à l'Acheuléen inférieur, on peut parler de civilisation de peuple chasseur. Le terme « chasse » désigne les activités qui permettent aux Hommes de se procurer leur nourriture carnée. À la fin du Pléistocène inférieur, *Homo erectus* capture des éléphants et des rhinocéros (grotte du Vallonnet), probablement au moyen de fosses-pièges, comme en témoigne l'extrême abondance des jeunes bêtes. Au Pléistocène moyen, les Hommes perfectionnent ces techniques, et s'ils chassent encore l'éléphant (Terra Amata, Torralba, Ambrona) et le rhinocéros, ils préfèrent s'attaquer aux bovidés, aux chevaux et aux cervidés (Caune de l'Arago).

La traque et l'abattage de ces animaux rapides obligeaient les chasseurs à se regrouper, ce qui contribua certainement à renforcer leurs liens sociaux. Les armes utilisées ne sont pas connues mais il est probable que l'épieu de bois constituait l'arme principale.

Ces chasseurs étaient également opportunistes : dans la grotte du Vallonnet, ils traînèrent des quartiers de viande de grands herbivores trouvés morts à peu de distance.

Jusqu'à présent, aucun matériel archéologique n'avait été découvert, associé aux crânes de Pithécanthropes à Java. Des chercheurs avaient ramassé en surface, sur divers sites, des outils sur éclats, très patinés d'ailleurs, qui évoquaient le Paléolithique. Mais n'étant pas associés à des restes humains, il manquait la preuve qu'ils étaient contemporains des Pithécanthropes. Des fouilles récentes à Sangiran ont mis en évidence, associés à des restes d'*Homo erectus*, des outils taillés, en particulier des *chopping-tools* et des polyèdres, qui permettent de déterminer l'industrie du Paléolithique inférieur de ces Hommes.

En Chine des industries ont été découvertes, en particulier dans la grotte de Choukoutien qui a livré un outillage très riche, avec une grande quantité d'outils sur éclats, quelques galets aménagés, apparemment très peu de bifaces et de médiocre qualité. Mais on a exhumé sur d'autres sites chinois, comme par exemple à Lantian, un très beau biface et donc une industrie du Paléolithique inférieur qui n'est pas encore très bien connue, au contraire de l'Inde où les industries acheuléennes sont très riches en bifaces et en hachereaux.

LES GRANDS CHASSEURS

Les *Homo erectus* ont donc maintenant une stature plus haute, un cerveau plus développé qui atteint 1 000 centimètres cubes en moyenne, ils ont bien sûr une station érigée parfaitement équilibrée, et une technologie beaucoup plus évoluée. Grâce à la notion de symétrie qu'ils ont acquise et qui donne naissance à des industries de bifaces caractéristiques des civilisations acheuléennes, ils sont devenus de grands chasseurs, une chasse sûrement variée. Mais ces Hommes n'ont pas encore domestiqué le feu.

Des traces de foyers ont bien été signalées dans certains sites, par exemple à Chezowanja au Kenya où de l'argile brûlée a été décelée, mais rien ne prouve qu'il s'agisse de foyers aménagés, organisés, plutôt que de l'argile cuite au gré des incendies naturels. D'ailleurs, il n'a été découvert aucune structure d'habitat dans ces niveaux anciens, ni d'ossements brûlés, ni de charbon de bois ou de cendres associés aux faunes chassées ou aux industries anciennes. Il est donc vraisemblable qu'*Homo erectus* n'avait pas encore domestiqué le feu à cette époque.

Chapitre 4

LA CAUNE DE L'ARAGO

Tautavel est à la charnière de deux époques, celle des grands peuples chasseurs du chapitre précédent et celle de la domestication du feu au chapitre suivant. Il est possible d'y suivre le développement des techniques de chasse et d'y fixer l'apparition du feu domestiqué, du foyer.

C'est un site qui m'est cher. J'ai pénétré pour la première fois dans la grotte en mai 1963, conduit par des préhistoriens et des spéléologues amateurs de la région, Jean Abelanet et le docteur Rigaud parmi d'autres, qui avaient ramassé à même le sol quelques ossements et quelques outils taillés. Cette caverne apparaissait assez grande, remplie de dépôts quaternaires, avec des sédiments qui devaient être très épais et très bien conservés, et vraisemblablement très riches à en juger par le sol jonché d'ossements et d'outils. J'ai

L'Homme premier

Fig. 18. – *Plaine de Tautavel, Pyrénées-Orientales, France. À droite, entrée de la Caune de l'Arago, au fond le Canigou.*

donc décidé d'y entreprendre des fouilles : le premier chantier a été ouvert en avril 1964. J'y suis retourné avec mon équipe chaque année, d'abord quinze jours, puis un mois à partir de 1967, trois mois à partir de 1979 et cinq mois depuis 1992. C'est devenu un grand chantier international de fouilles, les recherches sur le terrain se prolongeant par les analyses en laboratoire.

La Caune de l'Arago à Tautavel, dans les Pyrénées-Orientales, est creusée dans le calcaire du massif méridional des Corbières, à 30 kilomètres au nord-ouest de Perpignan, à 25 kilomètres à l'ouest de la Méditerranée sur les marges septentrionales de la plaine du Roussillon, et à 40 kilomètres au nord de la chaîne des Pyrénées (Fig. 18). C'est une vaste caverne d'environ 30 mètres de long aujourd'hui, beaucoup plus grande à l'époque préhistorique car, d'une part, une partie de l'auvent rocheux s'est effondrée, et, d'autre part, le fond, colmaté par les dépôts quaternaires, est entièrement bouché, si bien qu'elle devait avoir 120 mètres de long.

Elle a été entièrement remplie. Nous avons calculé que le remplissage avait plus de 15 mètres d'épaisseur. Les techniques de datation nous ont permis de mettre en évidence que les couches les plus anciennes dataient de 690 000 ans et que les couches superficielles dataient de 100 000 ans. Autrement dit, ces dépôts se sont accumulés pendant 600 000 ans, recelant tout un matériel archéologique dont l'étude stratigraphique, sédimentologique, paléontologique et paléobotanique nous permet de reconstituer l'évolution des climats, des paysages et des hommes préhistoriques, de leur culture, de leur habitat, de leur mode de vie à l'ère quaternaire entre 700 000 et 100 000 ans (Fig. 19, 20).

Nous avons pu mettre en évidence les alternances de périodes froides et de périodes tempérées, de périodes humides et de périodes sèches, les premières quatre fois plus longues que les secondes, et qui forment ensemble les cycles de 100 000 ans du Quaternaire. Lorsque le remplissage commence, il y a près de 700 000 ans, le climat était humide et tempéré et un plancher stalagmitique s'est constitué. Puis le climat s'est altéré, il est resté humide mais il est devenu froid aux environs de 650 000 ans, et une forêt de sapins, de pins, de hêtres et de bouleaux a pris racine dans la région.

Vers 600 000 ans, le climat s'est de nouveau radouci, il est redevenu tempéré et humide, une forêt de plantes thermophiles compose le paysage et des matières organiques se déposent dans la grotte. À partir de 580 000 ans et jusqu'à 530 000 ans, le climat est froid et très sec, c'est sans doute l'une des périodes les plus froides et certainement la plus sèche de tout le Quaternaire. La forêt a disparu. L'étude des pollens montre qu'il y avait moins de 15 % d'arbres, le paysage était donc celui de steppes avec quelques zones abritées. Les vents ont apporté des poussières, soulevées dans la plaine de Tautavel et dans les plaines environnantes, et qui se sont accumulées dans la grotte. Des études de modélisation de la direction des vents sur des maquettes de l'environnement montrent que ces dépôts furent apportés par des vents dominants du nord-ouest. La taille comme le poids des particules indiquent que ces vents devaient être très violents. Il est donc permis de penser qu'une paléotramontane devait souffler à plus de 120 kilomètres à l'heure. Pendant cette période, les Hommes chassaient surtout le renne.

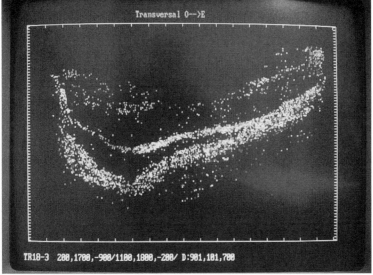

Fig. 19 et 20. – *Caune de l'Arago, coupes transversales des sols archéologiques.*

Fig. 21. – *Caune de l'Arago. Sol d'un campement de chasseurs de rennes, 550 000 ans, sol L.*

Fig. 22. – *Le crâne Arago 21 d'un jeune adulte masculin au cours de son dégagement sur le sol G, juillet 1971.*

La Caune de l'Arago

Un climat tempéré et humide s'est installé aux environs de 500 000 ans. Le ruissellement a charrié des argiles arrachées du plateau et les a transportées dans la grotte à travers les fissures de quartz. L'étude des pollens montre qu'il y avait une forêt thermophile contenant plus de 75 % d'arbres. Les Hommes pouvaient donc chasser des animaux de forêt comme le cerf et le daim. Puis, aux environs de 450 000 ans – correspondant aux couches archéologiques les plus riches qui ont été découvertes dans la Caune de l'Arago –, le climat s'est à nouveau refroidi, il est redevenu sec (certes moins que pendant le cycle précédent) et les études de pollens montrent qu'il y avait à l'extérieur une steppe arborée moins désertique. Les Hommes pouvaient chasser de grands herbivores. Leurs campements, ou les simples habitats de chasseurs de mouflons, ou encore les bivouacs de chasseurs de bœufs musqués, ont été mis au jour.

Vers 400 000 ans, un climat tempéré et humide s'est de nouveau instauré, un important plancher stalagmitique s'est formé en surface, scellant le remplissage. L'étude des pollens de ce plancher montre qu'une forêt tempérée s'était reconstituée. On pourrait continuer ainsi entre 400 000 et 100 000 ans, les chasseurs se succédant dans la grotte au rythme des fluctuations climatiques. L'enquête de détective du préhistorien, consacrée à la reconstitution des paléoenvironnements par des études géologiques, sédimentologiques, minéralogiques, pétrographiques, géochimiques, à la reconstitution de la végétation par l'étude des pollens, à celle de la faune par les restes culinaires que les Hommes préhistoriques ont laissés derrière eux, permet aussi de retracer l'évolution des faunes, des flores, des paysages et donc des climats pendant cette longue période de 600 000 ans.

Tout au long de cette période, les chasseurs ont installé dans cette grotte, à intervalles plus ou moins réguliers, soit des campements permanents, soit des campements temporaires, soit de simples haltes de chasse, soit enfin des ateliers de dépeçage. Deux campements réguliers principaux sont connus : l'un qui date de 580 000 ans, le Sol Q, et l'autre qui date de 450 000 ans, le Sol G. Ces habitats qui pouvaient durer plusieurs années correspondent à des campements de chasseurs de grands herbivores. Les campements temporaires de quelques mois, comme le Sol F, qui date de 440 000 ans, ont été établis par des chasseurs de mouflons. Les haltes de chasse de quelques semaines ou les simples bivouacs de quelques heures furent pratiqués par des chasseurs de rennes à la poursuite des troupeaux migrant à travers la vallée (Fig. 21).

La durée d'occupation de la grotte et donc ses faunes successives peuvent être déterminées par l'étude des mandibules des jeunes animaux, par exemple celles d'un cerf, d'un daim ou d'un renne de moins de deux ans. L'état d'éruption des dents de lait et de sagesse donne une bonne estimation, au mois près, de l'âge de l'animal. Il est connu que statistiquement ces animaux naissent au mois de juin. Si la mandibule retrouvée correspond à un animal de trois mois, cela signifie donc qu'il a été abattu en septembre, ou en novembre si elle correspond à un animal de six mois. Ainsi dans certains sols, comme le Sol G (Fig. 22), on trouve des animaux jeunes qui ont entre six et neuf mois ou entre dix-huit et vingt et un mois, c'est-à-dire des animaux abattus en automne, au cours de deux campagnes de chasse annuelles. Cela permet ainsi de savoir qu'il s'agit d'un campement saisonnier occupé en automne.

Selon le climat, les Hommes s'étaient spécialisés dans certaines chasses. En effet, si un niveau comprend 95 % d'ossements de rennes, cela ne veut pas dire qu'il y avait la même proportion de cette espèce dans la nature, cela signifie que les chasses étaient sélectives, qu'en l'occurrence les Hommes s'étaient spécialisés dans la chasse du renne. Mais réciproquement, on ne chasse pas sélectivement ce qui est rare et, par conséquent, ils chassaient le renne parce que celui-ci était abondant. Il en va de même pour les cerfs et les daims retrouvés en quantité dans la Caune de l'Arago.

Cette abondance de certaines espèces est, bien entendu, fonction du climat. Pendant les périodes tempérées, les Hommes chassaient plutôt des animaux adaptés à la forêt, et pendant les périodes froides, des animaux adaptés à la steppe. Ainsi, selon les climats et les paysages, ils organisaient des chasses spécifiques : aux grands herbivores dans le Sol Q (550 000 ans), ou dans le Sol G (450 000 ans), et même dans le Sol E (430 000 ans) ; au renne dans les mêmes Sols Q, G et E, mais aussi dans les Sols L et K (550 000 ans) ; au mouflon dans les Sols E et F ; aux cervidés dans les Sols H, I, J (500 000 ans).

Les Hommes de Tautavel avaient choisi la caverne de l'Arago comme refuge parce qu'elle était remarquablement située (Fig. 23). Elle se trouve sur une corniche escarpée qui surplombe la plaine à 80 mètres aujourd'hui, moins de 60 mètres à l'époque : c'est un véritable nid d'aigle d'où l'on peut embrasser l'ensemble du paysage, un merveilleux observatoire. Elle est, en outre, située au carrefour de plusieurs niches écologiques. Sur les corniches escarpées, habitat naturel des animaux de rochers, les Hommes pouvaient chasser, à la porte de leur caverne, surtout le mouflon, mais aussi le thar, chèvre à longs poils qui vit encore dans l'Himalaya, et parfois le chamois. Dans les niveaux plus récents, de moins de 300 000 ans, se trouvent des restes de bouquetins qui avaient remplacé les

Fig. 23. – *Lynx des cavernes dans la plaine du Tautavel, il y a 450 000 ans. Dessin Éric Guerrier.*

mouflons disparus. Sur les plateaux balayés par les vents quand il faisait froid, ils pouvaient chasser des animaux adaptés à des climats plus rigoureux, comme le bœuf musqué ou le renne. Dans la prairie, au pied de la grotte, lorsque le climat était froid et sec, ils pouvaient abattre des grands herbivores – chevaux, bisons, rhinocéros de prairie, éléphants même – dans un paysage de steppe. En revanche, lorsque le climat était humide et tempéré, ils poursuivaient les cerfs et les daims dans la forêt.

Au bord de la rivière (Fig. 24, 25), les Hommes trouvaient toujours à chasser, même pendant les périodes sèches qui laissaient subsister quelques arbres, des animaux adaptés à cette niche écologique, comme les castors. En contrebas de la grotte, se trouve la sortie des Gouleyrous, gorges très étroites et profondes où coule le Verdouble, une rivière pérenne, jamais à sec. En période de crue, le Verdouble peut énormément gonfler et creuser au sortir des gorges une espèce de cuvette. En aval de cette étendue d'eau, il y a une levée de galets qui a toujours existé et qui subsiste malgré l'action répétée des bulldozers commandités par la municipalité pour la faire disparaître : elle se reforme à la première crue. À l'époque préhistorique, cette levée de galets devait servir de gué où passaient les troupeaux de rennes, de chevaux et de bisons. Les Hommes de Tautavel devaient y guetter leurs

LA CAUNE DE L'ARAGO

Fig. 24. – *Reconstitution du paysage autour de la Caune de l'Arago, il y a 450 000 ans. Dessin Éric Guerrier.*

Fig. 25. – *Les bords du Verdouble, au pied de la Caune de l'Arago, Tautavel, France.*

proies, plus vulnérables lorsqu'elles traversaient le gué et donc plus faciles à abattre.

Les Hommes avaient trouvé dans la Caune de l'Arago un habitat confortable qui s'ouvrait au soleil levant. Aujourd'hui, la grotte s'ouvre vers le sud, car sa paroi intérieure s'est effondrée au cours du temps. Autrefois, elle devait s'ouvrir vers l'est ou le nord-est, de sorte que les premiers rayons du soleil venaient éclairer le fond du premier couloir. C'était sans doute un endroit idéal. Dans toute caverne, dans toute galerie un peu profonde, la température est tamponnée et correspond à la température moyenne à l'extérieur. Or, dans la Caune de l'Arago, elle est légèrement plus élevée parce que cette grotte est ensoleillée toute la matinée jusqu'en début d'après-midi et que le soir elle absorbe le rayonnement de la falaise qui lui fait face. En hiver, il y fait donc moins froid qu'ailleurs.

Pourtant les Hommes n'ont pas véritablement emménagé dans cette grotte. Il n'y a pas été trouvé de réelle structure d'habitat. En revanche, ils y ont charrié une quantité considérable de pierres pour empierrer le sol. Plus un niveau est riche en matériel archéologique – outils et ossements –, plus les pierres calibrées pour empierrer le sol sont nombreuses. Ils y ont aussi, parfois, transporté de gros blocs servant d'enclumes, de gros galets ramassés dans la rivière servant de marteaux pour fracturer les ossements, car ils étaient particulièrement friands de moelle.

Par ailleurs, il est très intéressant de noter qu'aucun reste calciné n'a été découvert dans les couches de la Caune de l'Arago dont l'âge est compris entre 700 000 et 400 000 ans : l'Homme n'avait donc pas encore domestiqué le feu. Parmi les dizaines de milliers d'ossements trouvés dans les dépôts antérieurs à 400 000 ans, aucun n'est brûlé, il n'y a ni cendres ni charbons de bois. Or, quand il y a du feu, il y a toujours des os brûlés. Lorsqu'un os est exposé au feu et chauffé à plus de 600 degrés, le phosphate se transforme en hydroxyapatite et l'os prend une patine blanc bleuté. Rien de tel n'a été retrouvé dans ces niveaux. Par contre, les niveaux supérieurs plus récents, de moins de 400 000 ans – malheureusement très minces et peu riches –, révèlent charbons de bois, cendres et os brûlés.

Les industries lithiques (Fig. 26, 27, 28, 29) mises au jour sont très archaïques. Elles correspondent à un Acheuléen primitif, pauvre en bifaces et en hachereaux mais riche en galets aménagés, surtout en *choppers*. Il y a aussi quelques *chopping-tools*, quelques polyèdres et surtout un petit outillage extrêmement varié mais fruste et peu standardisé.

Les grosses pierres apportées de l'extérieur servaient d'enclume. Les gros galets ramassés dans le Ver-

Fig. 26, 27 et 28. – *Caune de l'Arago, industrie lithique, de haut en bas : chopper, biface, pointe retouchée en jaspe.*

LA CAUNE DE L'ARAGO

Fig. 29. – *Caune de l'Arago. Denticulé en silex.*

double en contrebas servaient de lourds percuteurs pour broyer les ossements. Les galets aménagés sur une seule face, de bonne facture, produits souvent par très peu d'enlèvements, parfois très lourds, jusqu'à 7 kilos, sont des haches très pratiques pour désarticuler les carcasses des grands herbivores et pour casser certains os. Le petit outillage (racloirs et denticulés) devait servir à travailler les peaux ou le bois et à découper la viande.

L'analyse des traces sur les tranchants met en évidence le mode d'utilisation de ces outils. L'orientation des stries permet de savoir s'ils étaient utilisés comme une scie, dans le sens longitudinal parallèle au bord de l'outil, ou comme un racloir, dans le sens transversal perpendiculaire au bord de l'outil. Les microstries nous disent sur quelles matières ils étaient utilisés, sur du cuir, du bois ou de la viande.

L'étude aujourd'hui de l'origine des roches qui ont servi à fabriquer ces outils nous aide à reconstituer le territoire de chasse des hommes de Tautavel. 80 à 90 % des roches étaient ramassés dans la rivière, au pied même de la caverne ou dans un rayon assez proche, à la rigueur jusque dans la vallée de l'Agly à 6 kilomètres au sud-ouest. Mais parfois ils allaient chercher les roches assez loin, des chailles dans la région de Rivesaltes, à 10 kilomètres à l'est, ou des roches volcaniques au col de Couisse, à 10 kilomètres au nord-ouest ; ou encore plus loin, des quartzites à Soulatgé, à 15 ou 20 kilomètres à l'ouest, du silex de bonne qualité dans des calcaires lacustres de l'Oligocène à Roquefort des Corbières, à 30 kilomètres au nord-ouest, du beau jaspe rouge dans la région de Vinça, à Corneilla de Conflent, à 30 kilomètres au sud-ouest. Leur territoire de chasse ne s'étendait donc pas au-delà de 30 kilomètres.

Ce rayon de 30 kilomètres, soit un trajet aller-retour de 60 kilomètres, correspond à ce qu'un Homme peut parcourir dans une seule journée, si l'on se souvient que les armées de Napoléon parcouraient cette distance en marche normale, et jusqu'à 80 kilomètres en marche forcée.

En étudiant les fragments d'ossements retrouvés sur les sols d'habitat, en particulier la proportion relative des différents éléments du squelette qui ont été apportés dans la grotte, en étudiant leur fracturation, en étudiant les stries de découpage, il est possible de reconstituer beaucoup de choses, et d'avoir une idée des techniques de chasse, des techniques de dépeçage, de dépouillage, des techniques de boucherie, de mise en quartiers, et même des pratiques culinaires des Hommes préhistoriques. On sait que ces Hommes récupéraient systématiquement la moelle, le cerveau, qu'ils mangeaient crus et qu'ils appréciaient tout particulièrement.

Ces Hommes primitifs naissaient, vivaient et mouraient dans la grotte. Nous savons qu'il y avait beaucoup d'enfants : dans le Sol G par exemple, de nombreuses dents de lait ont été retrouvées, des dents d'enfants de six à douze ans tombées naturellement.

L'intérêt exceptionnel de ce site est qu'il nous permet de reconstituer le portrait-robot de ces premiers habitants de l'Europe, ces *Homo erectus* européens appelés « Anténéandertaliens ».

Grâce aux os longs (fémurs, péronés), il est permis de dire que l'homme de Tautavel devait avoir une taille d'environ 1,65 mètre et qu'il était robuste (Fig. 30). Les os des ceintures pelvienne et scapulaire : iliaque et clavicule, indiquent qu'il était de corpulence large. Il avait un crâne bas, un front fuyant, et un puissant bourrelet sus-orbitaire. Ses os malaires étaient situés en façade, ce qui devait lui donner des pommettes saillantes (Fig. 31). Sa face était proéminente, il pouvait avoir un prognathisme alvéolaire. Il avait une mandibule fuyante, une symphyse sans menton et une capacité crânienne de l'ordre de 1 100 centimètres cubes, plus faible que celle des Hommes de Néandertal. C'est en franchissant ce cap des 1 100 centimètres cubes de volume crânien que l'Homme va domestiquer le feu.

LA CAUNE DE L'ARAGO

Fig. 30. – *Reconstitution de l'Homme de Tautavel sous la direction scientifique de M.-A. de Lumley. Sculpture d'André Bordes.*

Fig. 31. – *Buste de l'Homme de Tautavel. Sculpture d'André Bordes.*

Chapitre 5

LA DOMESTICATION DU FEU

Ainsi à Tautavel, dans les dépôts compris entre 700 000 et 400 000 ans, aucune trace de foyer proprement dit n'a été mise en évidence. Ni cendres, ni charbons de bois, ni os brûlés n'ont jamais été retrouvés. En revanche, dans les niveaux plus récents, les fouilles ont révélé des cendres, des charbons de bois et quelques os brûlés.

Et c'est vrai de tous les sites préhistoriques antérieurs à 400 000 ans. Aucun n'a révélé de traces de foyers, en tout cas rien qui fasse penser à un foyer aménagé. Des préhistoriens ont bien signalé des traces de feux en Afrique de l'Est, sur des sites très anciens, de plus de 2 000 000 d'années. Mais ces traces ne sont pas du tout évidentes : d'une part, elles ne relèvent pas d'une structure organisée ; d'autre part, les ossements brûlés sont très rares. Quand bien même s'agirait-il des vestiges de feux, il est vraisemblable que ce soient des feux naturels.

Lorsque l'Homme a la maîtrise du feu, les sols de ses habitats, des campements préhistoriques, sont jonchés d'ossements brûlés. C'est le cas des sites de moins de 400 000 ans, comme dans les couches supérieures de la Caune de l'Arago à Tautavel, Terra Amata à Nice (380 000 ans), Orgnac 3 à Orgnac dans l'Ardèche (340 000-350 000 ans), Menez Dregan en Bretagne, ou, beaucoup plus loin, Vertesszölös en Hongrie (390 000-400 000 ans) et les dépôts datés de 400 000 ans à Choukoutien en Chine. Partout, les os brûlés sont très nombreux et sont accompagnés de charbons de bois et de cendres. Nous avons là la preuve manifeste que l'Homme a domestiqué le feu.

Les plus anciens foyers aménagés actuellement connus ont été découverts en Eurasie, à la limite nord des zones tempérées chaudes. L'un d'eux a été mis au jour sur le site de Terra Amata à Nice (Fig. 32). C'est un campement de chasseurs de cerfs et d'éléphants installé sur une plage de Nice au pied du mont Boron, dans une crique abritée des vents dominants, à proximité d'une petite source jaillissant au contact des marnes imperméables du Cénomanien et des calcaires perméables du Turonien, au débouché de la vallée du Paillon. Les Hommes étaient ainsi placés au carrefour de plusieurs niches écologiques. Sur les pentes du

LA DOMESTICATION DU FEU

Fig. 32. – *Terra Amata, Nice, France.*

mont Boron, ils chassaient le thar, une chèvre à longs poils qui vit dans l'Himalaya et que nous avions déjà rencontrée à Tautavel. Sur les vastes espaces découverts de la plaine de Nice, au bord du delta du Paillon, ils chassaient des troupeaux d'éléphants, de rhinocéros et même d'aurochs. C'était des chasses spécialisées. Dans la chasse à l'éléphant, ils s'attaquaient aux petits animaux, aux éléphanteaux jeunes ou adolescents que leurs techniques de chasse devaient leur permettre d'abattre plus facilement que les adultes.

Nous avons pu reconstituer leur campement. Il s'agissait de cabanes attestées par la disposition des

Fig. 33. – *Le foyer de Terra Amata, Nice, daté de 380 000 ans.*

Fig. 34. – *Reconstitution du foyer de Terra Amata. Dessin Henri Puech.*

LA DOMESTICATION DU FEU

Fig. 35. – *Reconstitution du campement paléolithique de Terra Amata.*

objets sur le sol. Ces abris devaient être vastes car ils étaient entourés de grosses pierres retrouvées sur une longueur de 8 mètres et sur une largeur de 4 à 6 mètres. Ils étaient installés à quelques mètres de la mer, près de la source, appuyés contre de gros blocs de calcaires turoniens qui avaient dû se détacher et reposaient sur la plage (Fig. 35).

Au centre de la cabane, ces chasseurs avaient installé des foyers soit sur de petits dallages de galets, soit dans une petite fosse de 30 centimètres de diamètre et 15 centimètres de profondeur creusée dans le sable. Parfois ces foyers, en particulier ceux creusés dans le sable, étaient protégés des vents dominants par une murette de pierres et de galets (Fig. 33, 34). L'Homme a non seulement domestiqué le feu, mais il a organisé son foyer qu'il a placé au centre de l'habitat.

La surface de ces aires d'habitation se prête facilement à l'exploration car les objets sont répartis à même le sol : déchets culinaires, ossements d'éléphants, de cerfs et de rhinocéros, outils taillés en silex ou en calcaire silicifié. D'autres observations ont été faites dans des sites de la même époque. Par exemple, sur le site d'Orgnac 3 en Ardèche, les couches archéologiques les plus anciennes de ce très beau gisement datent d'environ 350 000 ou 360 000 ans, elles sont donc contemporaines ou légèrement plus récentes qu'à Terra Amata. À tous les niveaux, des ossements brûlés, des zones jonchées de cendres et de charbons de bois témoignent de la présence de foyers à cet endroit. Les chasseurs d'Orgnac ont traqué les cerfs, puis les chevaux ou les bisons.

Le site de Menez Dregan récemment découvert en Bretagne, dans le Finistère, près de la pointe du Raz, et qui date d'environ 350 000 à 400 000 ans, lui aussi contemporain de Terra Amata ou peut-être légèrement plus ancien, montre que les civilisations acheuléennes du milieu du Pléistocène moyen avaient bien maîtrisé le feu.

Ailleurs en Europe, sur le site de Vertesszölös, à 60 kilomètres à l'ouest de Budapest, dans des dépôts de travertins comprenant des couches archéologiques très riches en petit outillage et en faune, ont été mis au jour des foyers de petite taille alimentés par du charbon d'os. C'était un paysage de steppes et de prairies, sans beaucoup de bois, si bien que les Hommes devaient utiliser les os et la graisse pour entretenir leurs foyers. D'autres sites de cette époque pourraient être cités ; par exemple en Asie, à Choukoutien en Chine, dans des dépôts dont l'âge est compris entre 400 000 et 200 000 ans, il a été retrouvé, à tous les niveaux, des foyers, des os brûlés, des charbons de bois, de grandes quantités de cendres. L'Homme a donc domestiqué le feu dans l'Ancien Monde et l'Eurasie, à la frontière des zones tempérées chaudes et froides.

Le feu a certainement eu une importance considérable dans l'histoire de l'humanité. Il a été un nouveau facteur d'hominisation. Il a permis d'allonger le jour aux dépens de la nuit, l'été aux dépens de l'hiver. Il a créé une certaine convivialité : c'est en effet autour du foyer qui éclaire, qui réchauffe, qui réconforte que va s'organiser et se développer la vie sociale. Il est propice au récit des chasseurs, et leurs histoires de chasse aux éléphants, aux rhinocéros, aux bisons, qui deviennent au cours du temps de plus en plus gros, se transforment progressivement en mythes. Le chasseur qui les a abattus, qui a fait des chasses extraordinaires, devient un héros, et puis un dieu. Autour des traditions de chasse d'une famille ou d'une tribu vont se cristalliser des cultures régionales qui soudent le groupe, lui donnent son unité. C'est à ce moment-là que l'histoire des cultures se diversifie en traditions régionales.

À partir de la domestication du feu, les préhistoriens peuvent individualiser de grands groupes culturels, basés par exemple selon leur technologie lithique qui témoigne de la soudure de familles ou de tribus. C'est ainsi qu'on pourra parler de civilisation acheuléenne du Bassin parisien, du Bassin du Rhône, du sud-est de la France, ou de civilisation acheuléenne méditerranéenne, parce que est palpable l'existence de traditions culturelles qui devaient donner à des groupes d'Hommes les mêmes structures de pensée.

La vie sociale va également mieux s'organiser autour du foyer. C'est alors que commencent à apparaître des structures d'habitat élaborées. À Terra Amata, les fouilles ont mis en évidence des cabanes construites autour du foyer, et l'aménagement de l'espace intérieur est progressivement apparu. À l'intérieur de la grotte du Lazaret, à Nice, les fouilles ont révélé l'emplacement d'une cabane de chasseurs acheuléens datée d'environ 130 000 ans.

L'analyse de la répartition des objets abandonnés par les Hommes : ossements et outillages, a permis de repérer une aire d'habitation limitée par des blocs de pierre, dont certains disposés en cercle devaient bloquer des poteaux. D'autres empilés constituaient un mur coupe-vent à l'entrée de la grotte. L'intérieur de la

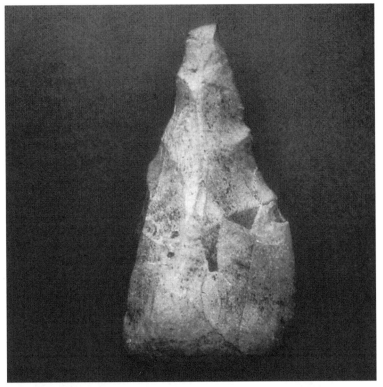

Fig. 36. – *Biface, Terra Amata, Nice.*

cabane était divisé en deux compartiments par une cloison. Le compartiment le plus éloigné de l'entrée, plus vaste et mieux abrité, était plus confortable : là, s'organisait la vie des Hommes. Autour de deux foyers, avaient été aménagées des litières avec des herbes marines recouvertes de fourrures. Leurs emplacements sont marqués par des concentrations de minuscules coquilles marines qui vivent accrochées à des herbes, associées à des extrémités de pattes de carnivores, animaux à fourrures (Fig. 42, 43, 44). L'habitat devient un campement de base où les Hommes reviennent, où les tâches sont partagées entre les Hommes et les femmes, entre les parents et les enfants.

Ainsi, à partir de 400 000 ans, la maîtrise du feu a structuré l'habitat autour du foyer, et, en le rendant permanent, divisé les activités entre les membres du groupe.

Dans la civilisation de l'Acheuléen supérieur, les outillages lithiques apparaissent beaucoup plus évo-

Fig. 37. – *Atelier de taille, Terra Amata, Nice.*

lués. Les bifaces deviennent plus réguliers, plus standardisés, plus plats, plus allongés, plus lancéolés. Longtemps l'Acheuléen était considéré comme essentiellement caractérisé par des outils à bifaces (Fig. 36). Mais les fouilles actuelles montrent que le pourcentage de bifaces est en général très faible, moins de 10 % et souvent même environ 1 % de la production lithique. C'est le cas en particulier à Terra Amata ou dans les niveaux supérieurs de Tautavel comme dans ceux d'Orgnac.

Les galets aménagés persistent, ils sont même parfois très nombreux comme à Terra Amata (Fig. 37). Ils sont associés aux activités des Hommes et ils sont encore plus abondants sur les sites de dépeçage ou à proximité d'ateliers de boucherie. Car ces outils parfois lourds, sur lesquels un tranchant a été aménagé par des enlèvements sur une seule face, avaient pour fonction de dépecer les animaux, surtout de désarticuler les carcasses des grands herbivores et même de fracturer les ossements (Fig. 38, 39, 40, 41). D'ailleurs à Terra Amata, l'Homme invente un nouveau type d'outils – le pic – qui devait être très pratique pour perforer, pour fracturer les os longs afin de les ouvrir et de récupérer la moelle.

Et puis le petit outillage se développe et devient de plus en plus stéréotypé. Ainsi, pour la première fois, apparaissent de véritables séries d'outils qui sont de

Fig. 38 à 41. – *Terra Amata. Nucleus et ses éclats retrouvés dispersés sur le sol d'habitat.*

LA DOMESTICATION DU FEU

Fig. 40.

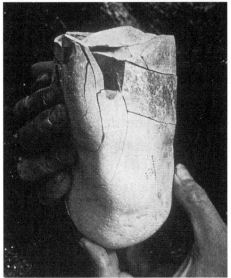

Fig. 41.

moins en moins multiples et qui sont liés à une certaine fonction. Ce sont des pointes, des outils à bords convergents, des racloirs latéraux et transversaux, des racloirs déjetés, ce sont aussi des encoches clactoniennes, des encoches retouchées, ce sont des denticulés ou des racloirs denticulés, ce sont des becs, ce sont aussi des grattoirs relativement abondants dans ces industries de l'Acheuléen supérieur.

Peu après la période où il apprend à maîtriser le feu, l'Homme invente, vers 340 000 ans, une technique révolutionnaire de taille de la pierre : la technique de débitage Levallois. Le moment de son apparition peut vraiment être daté sur le site d'Orgnac 3, en Ardèche, avant qu'elle ne se répande dans toute l'Europe et même sur toute la Terre. Avant 340 000 ans, ni à Tautavel dans les niveaux antérieurs à 400 000 ans, ni à Terra Amata dans un niveau qui date de 380 000 ans, ni dans d'autres sites, ne peut être mis en évidence un débitage Levallois élaboré. Par contre, il apparaît à partir de 340 000 ans dans de nombreux sites et en particulier à Orgnac, mais dans beaucoup d'autres sites de l'Acheuléen supérieur, en France, en Italie, en Espagne.

C'est une technique très élaborée qui, à partir d'un bloc de matière première, d'un débris ou d'un galet le plus souvent en silex, parfois en quartzite ou en quartz, aménage deux faces d'un nucléus, si bien qu'une face va servir comme plan de frappe, et l'autre, qui est épa-

Fig. 42. – *Grotte du Lazaret, Nice, France.*

nelée et très plate, devient la surface de laquelle l'artisan va détacher l'éclat Levallois. Cet éclat sera de grande dimension, très plat, et tranchant sur toute la périphérie. Pour la première fois, il y a une grande longueur de tranchant pour un petit volume, un faible poids de matière première. Le débitage Levallois se généralisant, le petit outillage va être aménagé en grande partie sur des éclats Levallois. Les pièces vont être encore plus stéréotypées et plus élaborées, à la fois petites, plates, légères et très régulières.

Ces industries de l'Acheuléen supérieur à débitage Levallois deviennent très importantes. Au cours du temps, elles sont de plus en plus stéréotypées et de plus en plus standardisées. Les bifaces, eux, vont devenir de moins en moins nombreux, si bien que pendant toute cette période on assiste à leur disparition et au passage progressif des cultures lithiques acheuléennes aux cultures moustériennes.

Jusque vers 400 000 ans, les campements des Hommes préhistoriques sont liés à des territoires. Leurs ancêtres, les *Homo habilis*, les premiers *Homo erectus*, étaient nés en Afrique, et l'ont quittée pour envahir les zones tropicales et tempérées chaudes de

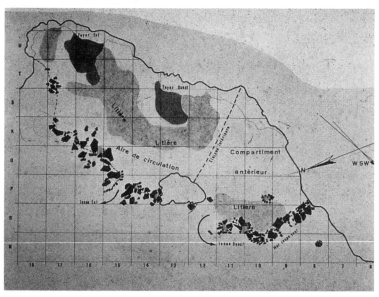

Fig. 43. – *Plan de la cabane acheuléenne dans la grotte du Lazaret.*

LA DOMESTICATION DU FEU

l'Ancien Monde. Du jour où l'Homme préhistorique a domestiqué le feu, il va pouvoir pénétrer dans les zones tempérées froides et conquérir de nouveaux territoires qui vont considérablement augmenter la surface qu'il occupe sur la planète.

Au cours du Quaternaire, en Europe tempérée ou en Asie centrale, les glaciers ont provoqué des fluctuations climatiques très importantes. C'est ainsi que, entre 700 000 et 400 000 ans, il y a eu plusieurs périodes froides successives, une vers 700 000 ans (stade isotopique 18), une vers 640 000 ans (stade isotopique 16), une très froide et extrêmement rigoureuse qui est bien représentée à Tautavel aux environs de 550 000 ans (stade isotopique 14), une autre très froide aussi vers 450 000 ans (stade isotopique 12). Pendant ces périodes, les Hommes se repliaient vers l'Europe du Sud. Par contre, pendant les périodes chaudes intermédiaires, dites « interglaciaires », c'est-à-dire vers 730 000 ans (stade isotopique 19), vers 680 000 ans (stade isotopique 17), vers 600 000 ans (stade isotopique 15), vers 500 000 ans (stade isotopique 13), il y a une extension des climats chauds et tempérés à la faveur desquels les civilisations se développent dans le sud de l'Europe mais s'étendent assez haut vers le nord. C'est ainsi qu'à Taubach et à Ehringsdorf, près de Weimar, en Allemagne orientale, des fouilles ont pu mettre au jour des habitats humains de périodes interglaciaires du Quaternaire. Le site de Vertesszölös, en Hongrie, est situé dans des travertins et remonte à une période de réchauffement du Quaternaire. À partir du moment où il domestique le feu, l'Homme va survivre pendant les périodes de refroidissement climatique de ces régions. C'est ainsi que le front d'hominisation de la planète s'est considérablement agrandi et que désormais des civilisations acheuléennes vont être retrouvées dans le nord de l'Angleterre, dans le nord de l'Allemagne, en Belgique, dans le nord de la France, en Asie centrale, même pendant les périodes de refroidissement climatique, pendant les stades isotopiques des périodes froides. Bref, grâce à la domestication du feu, l'Homme a pu conquérir les zones tempérées froides de l'Eurasie.

C'est d'ailleurs à cette époque-là qu'il a pénétré pour la première fois au Japon. Il y est sans doute allé grâce à des ponts continentaux qui ouvraient également le passage aux éléphants, aux grands mammifères, ou même aux mammouths. Dans plusieurs sites du Japon dans la région de Sendai, ont été découverts récemment dans des limons, dans du loess, des outillages, des industries sur silex, des racloirs, des denticulés, des becs, un petit outillage qui n'est pas sans évoquer les industries anciennes du Paléolithique inférieur d'Europe occidentale, dans des niveaux qui datent de 300 000 et même 400 000 ans. Ces ponts continentaux s'étaient formés pendant les périodes glaciaires, lorsque le niveau des océans s'était abaissé de 110 mètres au-dessous du niveau actuel. Le Quaternaire a été plus longtemps froid que tempéré puisque les périodes froides ont occupé les quatre cinquièmes de chacun des cycles de 100 000 ans.

Il a dû y avoir aussi un pont continental entre la Corée et le Japon qui a permis aux mammifères, dont l'Homme, de pénétrer sur l'île du Japon. Le détroit de Béring n'existait pas, il était remplacé par un isthme large de plus de 2 000 kilomètres appelé l'« isthme de Beringie ». Il est vraisemblable qu'à la fin du Pléistocène moyen, les Hommes qui étaient très près de l'isthme de Beringie ont pu pénétrer au Japon et aussi, à la même époque, peut-être en plusieurs vagues, sur le continent américain.

Toutefois, cette pénétration du continent américain à la fin du Pléistocène moyen, entre 300 000 et 100 000 ans, a dû être très faible car elle n'a pas laissé de traces. Sans doute les chasseurs qui y ont migré ont disparu sans laisser de descendants. Néanmoins, une fouille récente effectuée dans la Toca de Esperança, dans l'État de Bahia près de la ville de Central, a livré dans des dépôts sous-jacents à une croûte carbonatée quelques outils et quelques éclats en quartz, de petits *choppers*, associés à une faune archaïque de grands mammifères disparus aujourd'hui dont les ossements

Fig. 44. – *Nice. Le Lazaret. Reconstitution de la cabane. Dessin Alain Fournier.*

ont été datés par l'uranium-thorium d'environ 300 000 ans. On peut penser que nous avons là un témoignage d'un très ancien peuplement de l'Amérique qui a disparu sans laisser de descendance, et de nouvelles vagues assureront un peuplement plus stable du continent américain. Nous en reparlerons plus tard.

À cette époque, l'Homme a des préoccupations presque culturelles, non liées à une nécessité matérielle. Nous avons vu dans les chapitres précédents que l'Homme de Tautavel, par exemple, cherchait de belles roches, des jaspes pour faire ses outils. À Terra Amata, il a été mis en évidence que cette préoccupation demeurait : de belles pointes ont été taillées en rhyolite de l'Estérel que les Hommes allaient chercher à 30 kilomètres de distance. Avec l'Acheuléen supérieur, apparaît un souci fréquent, presque permanent, de l'harmonie, de l'esthétique. Il fabrique de magnifiques bifaces qui présentent une très belle symétrie, une symétrie bilatérale et bifaciale parfaite, extrêmement plats, aux retouches bien régulières, parfois sur de belles roches : il choisit de beaux silex, de beaux jaspes, des rhyolites, pour fabriquer des outils plus soignés, plus perfectionnés.

Il se préoccupe de la couleur des roches. À Terra Amata, nous avons pu découvrir, au cours de la fouille, de petits bâtons d'ocre qui ont manifestement été sélectionnés et rapportés dans l'habitat pour servir de crayons puisque leur extrémité est polie ; des microstries sur leurs faces témoignent même qu'ils ont servi à colorier. À partir de cette époque-là, il y a donc une recherche et une utilisation de la couleur.

Par ailleurs, les fouilles effectuées dans différentes régions du monde ont mis au jour une quantité relativement exceptionnelle d'ossements du crâne et des mandibules. C'était déjà le cas à Tautavel, mais ça l'est aussi dans toutes les civilisations de l'Acheuléen supérieur, car dans de nombreux sites des restes humains ont été trouvés, généralement des fragments de crânes, de mandibules, des dents isolées, et, très rarement, des ossements du squelette postcrânien. Alors que pour les animaux ce sont les ossements des membres, du rachis, des tarses et des carpes qui sont les plus abondants, chez l'Homme ces restes sont extrêmement rares, et les ossements du crâne et des mandibules paraissent surreprésentés. Certes il y existe, comme à Tautavel, des fragments de fémurs, de péronés ou de bassins, c'est-à-dire d'autres éléments du squelette. Mais les crânes et les mandibules sont vraiment surreprésentés : c'est le cas à Choukoutien pour le Sinanthrope dont l'âge est compris entre 400 000 et 200 000 ans, comme pour les sites à Pithécanthropes, en particulier celui de Ngandong en Indonésie au bord de la rivière Solo où une dizaine de crânes ont été trouvés avec très peu d'ossements du squelette. On peut alors se demander s'il n'y a pas eu, à un certain moment, un véritable culte du crâne.

Chapitre 6

LES NÉANDERTALIENS

Les Néandertaliens sont aujourd'hui bien connus. Ils ont occupé toute l'Europe, l'Asie centrale (site de Teshik Tash en Ouzbékistan, par exemple), ou le Proche-Orient (sites d'Amud ou de Tabun, par exemple) entre 100 000 et 35 000 ans. Ils sont connus par des éléments du squelette, des crânes et des mandibules provenant de plus de deux cents individus. Des squelettes complets pour la première fois grâce aux sépultures nous permettent enfin de faire une très bonne description d'Homme fossile. Tous les os du squelette ont été conservés.

Les Néandertaliens n'étaient pas grands, c'étaient des Hommes de taille moyenne, d'environ 1,65 mètre. D'après les os des clavicules et du bassin, il semble qu'ils avaient un torse large et épais, une forte carrure. Leurs membres étaient relativement courts. D'une

L'HOMME PREMIER

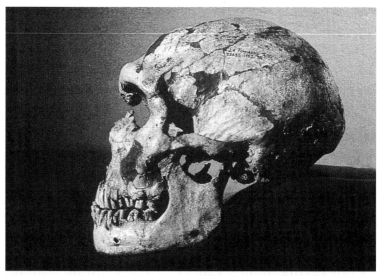

Fig. 45. – *L'Homme néandertalien de La Ferrassie, Dordogne, France.*

manière générale, leur squelette ne diffère pas beaucoup de celui des Hommes modernes quoiqu'il soit beaucoup plus robuste et plus petit.

Leur crâne est très caractéristique, il marque l'aboutissement de l'évolution des *Homo erectus*. Il se caractérise par un front fuyant, un puissant bourrelet au-dessus des orbites qui évoque celui des *Homo erectus* mais plus continu. La dépression centrale du bourrelet, juste au-dessus du nez, appelée « dépression glabellaire », caractéristique des *Homo erectus*, disparaît chez les Néandertaliens. Ce bourrelet surmonte les orbites et forme une sorte de visière que les paléonto-

Australopithecus afarensis, dite Lucy, Éthiopie.

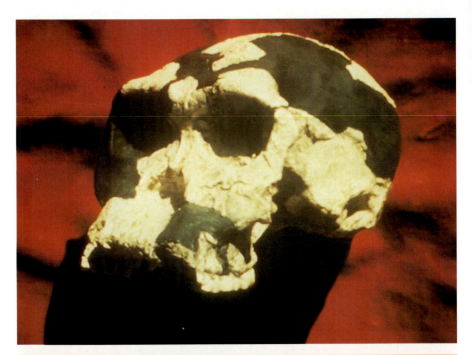

En haut : *Homo habilis, Olduvai, Tanzanie.*
En bas : *Homo erectus, KNM ER 3733, Kenya.*
À droite : *Grotte du Vallonnet, Roquebrune-Cap-Martin, France.*

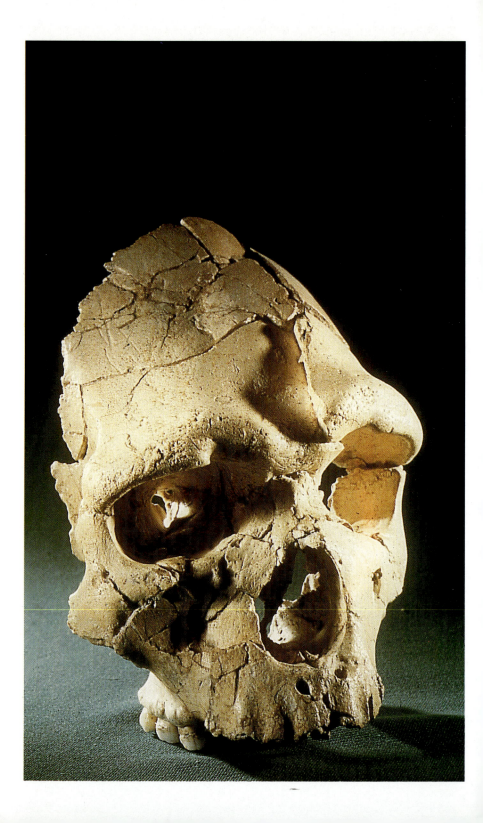

En haut : *Mandibule Arago 13, jeune adulte masculin.*
En bas : *Mandibule Arago 2, d'une femme âgée.*
À gauche : *Crâne de l'Homme de Tautavel (Arago 21) daté de 450 000 ans.*
Caune de l'Arago, Pyrénées-Orientales, France.

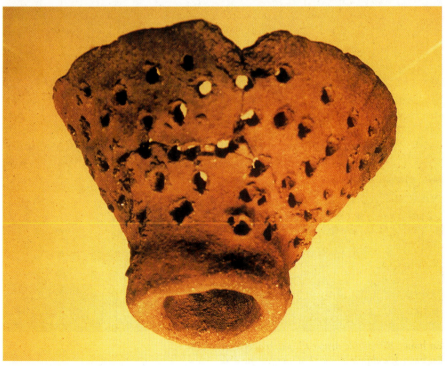

En haut : *Entrée de la Caune de l'Arago à Tautavel, France.*
En bas : *Faisselle néolithique.*

Vénus d'Avdeevo, Ukraine.

En haut : *Reconstitution de la grotte de Choukoutien, Chine.*
En bas : *Chevaux du diverticule de la grotte de Lascaux, Dordogne, France.*

logues appellent le « torus sus-orbitaire ». L'os frontal est donc fuyant, il n'existe pas encore de paroi verticale au-dessus des orbites, le front qui caractérise les Hommes modernes. Le crâne est plus aplati et présente un renflement à l'arrière (chignon occipital). Les os malaires sont un peu en façade ; surtout, au-dessus de la canine, il n'y a pas cette dépression appelée « fosse canine » chez les Hommes modernes, et le maxillaire est plus gonflé, plus proéminent. Par ailleurs, la mandibule – massive, très haute, large et très robuste – n'a pas de menton, la symphyse est toujours fuyante (Fig. 45).

Tous ces caractères – crâne bas, front fuyant, torus sus-orbitaire, absence de menton et de fosse canine, donc prognathisme – sont encore des caractères d'*Homo erectus* parfois même hypertrophiés. Les Néandertaliens semblent des caricatures d'*Homo erectus*. Mais il existe une grande différence, le cerveau est assez important, comparable et même supérieur à la moyenne de celui des Hommes modernes puisque la capacité crânienne de certains Néandertaliens a été estimée entre 1 500 et 1 600 centimètres cubes. À l'intérieur du torus et du maxillaire, les cavités pneumatiques très vastes des sinus frontaux et maxillaires, qui expliquent d'ailleurs l'importance du torus, constituaient peut-être, mais ce n'est qu'une hypothèse, une protection contre le froid.

Fig. 46. – *Grotte de l'Hortus, Valflaunès, Hérault, France. Campements de chasseurs néandertaliens.*

Les Néandertaliens

Les Néandertaliens ont vécu lors des deux premières phases du Würm qui correspond à la dernière glaciation en Europe occidentale. Ils ont occupé tout le sud-ouest de la France, et même le sud-est où nous en avons retrouvé dans la grotte de l'Hortus au nord de Montpellier (Fig. 46). Les découvertes sont nombreuses dans le Sud-Ouest, en particulier sur le territoire de la commune de Savignac-du-Bugue au bord de la vallée de la Vézère où a été mise au jour une véritable nécropole. Ils sont aussi connus en Corrèze, dans la grotte de la Chapelle-aux-Saints, sur les plaines côtières méditerranéennes d'Espagne, d'Italie et de France, mais aussi en Belgique et en Allemagne, en Europe centrale et dans les Balkans, vers le sud-est jusqu'en Crimée et au Proche-Orient, vers l'est en Asie centrale, comme dans le site de Teshik Tash en Ouzbékistan.

Certains auteurs considèrent que les Néandertaliens constituaient une sous-espèce d'*Homo*. Compte tenu de leur capacité crânienne comparable à celle de l'Homme moderne mais aussi de leur anatomie qui a conservé des caractères archaïques, ils les appellent *Homo sapiens neandertalensis*.

Malgré sa large extension, cette population néandertalienne apparaît comme un groupe marginal, très spécialisé et qui s'est éteint sans descendance. Vers 35 000 ans en effet, ils sont brusquement remplacés par les premiers Hommes modernes véritables, les *Homo*

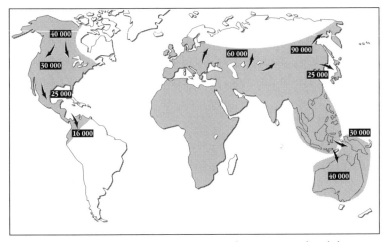

Carte 3 – Homo sapiens sapiens *part à la conquête du globe.*

sapiens sapiens comme l'Homme de Cro-Magnon. Pourquoi se sont-ils éteints ? Des épidémies les ont-elles décimés, laissant l'espace libre aux Hommes modernes ? Étaient-ils en concurrence avec les premiers *sapiens sapiens* sur les mêmes territoires et ceux-ci, mieux adaptés, ont-ils progressivement occupé tout l'espace en les faisant refluer jusqu'à leur extinction complète ? Toutes ces hypothèses sont recevables mais aucune n'est attestée. Quelle que soit la raison, leur extinction suivie d'une extension ou l'inverse, une extension suivie de leur extinction, les Néandertaliens ont été remplacés par des Hommes modernes anciens, des Pré-Cro-Magnon apparus au Proche-Orient dès la fin du Pléistocène moyen ou au début du Pléistocène

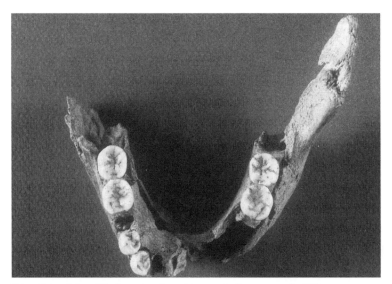

Fig. 47. – *Mandibule néandertalienne de la grotte de l'Hortus, Hérault, France.*

supérieur et qui avaient commencé à s'individualiser. Brusquement vers 35 000 ans, l'Homme de Néandertal cède la place aux premiers *Homo sapiens sapiens* dans toute l'Europe.

La première découverte a été faite en 1856 à Néandertal, en Allemagne, par des ouvriers qui ont mis au jour une calotte crânienne et quelques os longs de squelette dans une ancienne grotte qui était certainement une sépulture. Comme à l'époque le problème des origines de l'Homme et de son évolution ne se posait pas encore, la seule préoccupation fut de savoir s'il s'agissait vraiment d'un Homme archaïque ou d'un cas

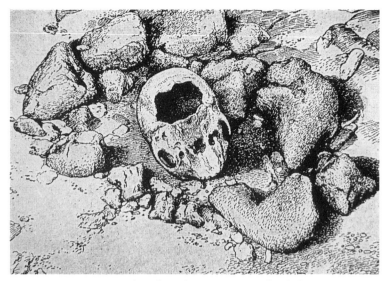

Fig. 48. – *Crâne néandertalien du mont Circé (Italie).*

pathologique, et ce fut matière à controverse. Aujourd'hui, l'Homme de Néandertal est bien connu puisque des squelettes complets ont été retrouvés, en particulier dans la grotte de la Chapelle-aux-Saints, en Corrèze, ou à La Ferrassie, en Dordogne.

En effet, dans l'abri sous roche de La Ferrassie, utilisé à des fins sépulcrales, les squelettes de deux adultes et les restes plus ou moins complets de six enfants ont été découverts, entre 1909 et 1921, et plus récemment en 1973.

Dans la grotte de l'Hortus, en Languedoc méditerranéen, sur le territoire de la commune de Valflau-

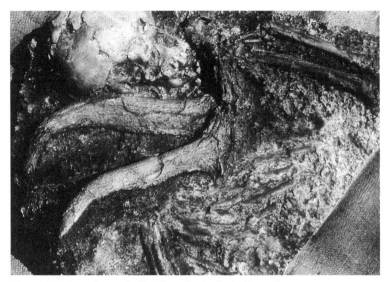

Fig. 49. – *Sépulture de l'enfant de Qafzeh (Israël).*

nès, dans l'Hérault, à une vingtaine de kilomètres au nord de Montpellier, une centaine de restes fossiles humains d'une vingtaine d'individus ont été exhumés (Fig. 47). La répartition des ossements, intimement mêlés aux déchets culinaires, le type de cassure qu'ils présentent, la grande proportion de jeunes, tout cela laisse penser que les chasseurs néandertaliens qui ont habité cette grotte pratiquaient l'anthropophagie.

Dans la grotte Guattari du mont Circé, à 100 kilomètres au sud de Rome, fut découvert en 1939, dans une salle circulaire, un crâne humain reposant sur le sol, entouré d'un cercle de pierres (Fig. 48). Le trou occipital était élargi, et les premières études avaient émis l'hypothèse que ce crâne avait été ouvert pour en extraire le cerveau dans un but rituel. Des recherches plus récentes permettent de penser qu'il s'agit d'un repaire de hyènes et que ce crâne a été apporté par ces carnivores.

Située à 2,5 kilomètres de Nazareth, en Israël, la grotte de Qafzeh comprend une quinzaine de niveaux contenant des industries moustériennes et les restes fossilisés de six adultes relativement jeunes et de sept enfants. Plusieurs avaient des sépultures (Fig. 49).

La grotte de Shanidar, dans le Kurdistan irakien, a livré les restes fossilisés de sept individus dont un enfant. La présence d'un grand nombre de pollens dans une sépulture (individu IV) prouve que le corps du défunt avait été déposé sur un tapis de fleurs des champs.

L'environnement offrait un paysage de glaciation. Si les premiers Néandertaliens sont apparus dans une période relativement tempérée, chaude et humide, où l'Europe était recouverte de forêts, le climat allait se refroidir au début de la dernière glaciation. Le niveau des océans s'est progressivement abaissé, une partie de leur eau a été stockée sous forme de glace sur les hautes montagnes continentales. Petit à petit, la forêt a régressé et cédé la place à la prairie. Entre 80 000 et 35 000 ans, ces Hommes assistent à

Fig. 50. – *Hortus. Reconstitution du paysage. En contrebas de la grotte, une harde de chevaux dans une steppe à composées. Dessin Éric Guerrier.*

Fig. 51. – *Hortus. Reconstitution du paysage. Les bouquetins peuplent les parois escarpées du massif de l'Hortus, Hérault. Dessin Éric Guerrier.*

Fig. 52. – *La Ferrassie (Dordogne). Grand abri paléolithique moyen.*

plusieurs oscillations climatiques alternativement plus tempérées et plus froides, plus humides et plus sèches.

Les Néandertaliens furent capables de s'adapter à des environnements très rigoureux en adoptant le mode de vie correspondant. Dans un paysage de forêts, ils chassent des animaux tels que le cerf ou le sanglier. Lorsque le climat devient de plus en plus froid et sec, et que s'installe un paysage de prairies ou de steppes, ils se mettent à chasser des grands herbivores (Fig. 50, 51).

C'est à cette époque que les chasses spécialisées

Fig. 53. – *Paléolithique moyen. Pointe moustérienne (6,4 cm) et racloir (8,7 cm).*

deviennent la règle. Cette évolution avait déjà été mise en évidence dans la grotte de Tautavel.

Mais à partir des Néandertaliens les campements de chasseurs spécialisés sont fréquents, chasseurs de chevaux sur le site de La Rouquette à Puycelsi, dans le Tarn, chasseurs de rennes dans la grotte de l'Esquicho-Grapaou, dans les gorges du Gardon. Dans tous ces gisements, un certain pourcentage d'ossements de carnivores apparaît (à peu près 10 %), en particulier de loups, de renards, de lions, parfois de panthères et d'ours, appartenant sans doute à des animaux abattus pour leurs fourrures.

La caractéristique des industries néandertaliennes est qu'elles vont être de plus en plus stéréotypées, de plus en plus standardisées. Les Hommes adoptent la technique de débitage Levallois inventée vers 340 000 ans environ et qui permet d'obtenir des éclats de grande taille standardisés, extrêmement plats, tranchants sur toute leur périphérie. À partir de ces éclats Levallois, sinon d'autres traditionnels, plus épais, ils fabriquent des outils très stéréotypés.

Plusieurs types d'outils caractérisent les industries moustériennes. Les racloirs, c'est-à-dire des éclats sur lesquels un bord a été aménagé par des retouches

Fig. 54. – *Racloir, 10,9 cm (La Quina, Charente).*

continues, peuvent être très variés : il existe des racloirs simples, des racloirs doubles, des racloirs convergents (Fig. 54). La pointe, appelée parfois « pointe moustérienne », est un racloir convergent dont les deux bords se réunissent (Fig. 53). Les limaces sont des pointes doubles effilées aux deux extrémités. Le denticulé – un éclat sur lequel une série de dents a été aménagée par des encoches contiguës – est très caractéristique. Les encoches sont des éclats sur lesquels une encoche a été aménagée soit par un seul coup de percuteur (encoches clactoniennes), soit par des petites retouches (encoches retouchées). Les grattoirs et les burins sont extrêmement rares.

L'outillage moustérien se définit par les proportions relatives des différents types d'outils, en particulier la proportion de racloirs par rapport aux denticulés. On parle de « moustérien typique » ou de « moustérien charentien » lorsque les racloirs prédominent ; de « moustérien denticulé » lorsque ce sont les denticulés qui l'emportent.

Le mode de débitage est aussi pris en compte, selon que le débitage Levallois est généralement employé ou occasionnellement seulement.

En combinant ces critères, plusieurs types d'industries sont distingués. Le Moustérien typique où les pointes sont abondantes et les bifaces rares voire absents ; la proportion de racloirs varie de 25 à 50 %.

Le Moustérien de type Quina et Ferrassie, avec une abondance de racloirs (50 à 80 %) ; le second se distingue du premier par le débitage Levallois. Le Moustérien à denticulés que caractérisent l'absence de bifaces et de pointes et le très fort pourcentage de denticulés (35 à 50 %) ; le débitage est parfois de type Levallois. Le Moustérien de tradition acheuléenne est riche en bifaces (2 à 10 %), pointes, denticulés, et contient quelques outils du Paléolithique supérieur (couteau à dos, lames, burins). Le complexe moustérien est connu dans toute l'Eurasie : Europe, Russie, Inde, Pakistan, Chine... Il se rencontre aussi en Afrique du Nord et au sud du Sahara.

Ces industries très stéréotypées sont l'aboutissement ultime de l'évolution des outillages acheuléens du Paléolithique inférieur, tout comme l'Homme de Néandertal est l'aboutissement ultime de l'évolution des *Homo erectus*. La différenciation entre le Moustérien et l'Acheuléen, entre l'Homme de Néandertal et les Anténéandertaliens ou les *Homo erectus* les plus évolués, n'est pas toujours facile à faire, c'est un peu une question de convention. Du point de vue morphologique, l'Homme de Néandertal est un *Homo erectus* qui a acquis une capacité crânienne comparable à celle de l'Homme moderne. Du point de vue typologique, le Moustérien est une industrie acheuléenne qui est devenue stéréotypée et qui a perdu ses bifaces. Compte tenu de ces difficultés à séparer les Acheuléens supérieurs des Acheuléens finaux – les Moustériens –, certains chercheurs ont aujourd'hui tendance à appeler « moustériennes » toutes les industries du Paléolithique inférieur moyen où apparaît un débitage Levallois dominant et qui sont très stéréotypées.

Les cultures moustériennes se retrouvent même dans des régions où il n'y a pas de Néandertaliens, justement dans les grottes où ont été retrouvés des Proto-Cro-Magnon. Il n'est donc pas possible de lier l'évolution morphologique et le développement de la culture.

La grande invention des Néandertaliens est la sépulture. Pour la première fois, il y a 100 000 ou 80 000 ans, avec les plus anciens Néandertaliens d'Europe occidentale, les Hommes enterrent leurs morts. C'est le cas à Gibraltar, par exemple, où la grotte de Devil's Tower a livré des restes néandertaliens qui pourraient provenir d'une sépulture très ancienne. Mais ces premières sépultures sont rares. Les Néandertaliens n'enterraient sans doute pas systématiquement leurs morts. D'ailleurs, des fragments d'ossements d'Hommes ont été découverts sur des sols d'habitat de Néandertal mélangés à des déchets culinaires comme dans la grotte de l'Hortus, dans l'Hérault, par exemple.

De véritables sépultures ont cependant été mises au jour, comme dans la Chapelle-aux-Saints, en Corrèze, découverte en 1908 par les abbés Bouyssonnie et Bardon. Les Hommes préhistoriques y avaient creusé une fosse rectangulaire où ils avaient allongé un défunt sur le dos, les jambes repliées et tournées vers la droite, le bras droit ramené vers la tête. Ils avaient entouré le corps de morceaux de viande, des fragments d'os longs ont été retrouvés, en particulier un thorax, une colonne vertébrale de renne et un pied de bison.

D'autres sépultures sont encore plus importantes, comme celle de La Ferrassie, en Dordogne, sur le territoire de la commune de Savignac-du-Bugue, qui est une véritable nécropole (Fig. 52). À la base du remplissage, Denis Peyrony a trouvé onze sépultures, dont celles d'un homme, d'une femme et de plusieurs enfants, dans de petites fosses parfois surmontées de monticules de terre. L'une des sépultures était même recouverte par une grande pierre. Cette nécropole est l'une des plus anciennes connues actuellement. Dans celle de Teshik Tash, en Ouzbékistan, reposait un enfant néandertalien âgé d'environ dix ans, entouré par cinq paires de cornes de bouquetins en position verticale, les pointes en bas, formant une couronne.

Ces sépultures marquent l'apparition des rites funéraires, en particulier d'offrandes déposées parfois dans la fosse qui témoignent sans doute d'une croyance en une vie future après la mort, c'est-à-dire d'un sentiment religieux. C'est avec l'Homme de Néandertal que naît l'angoisse métaphysique du néant qui conduit à nier la mort et à imaginer un autre monde où les êtres poursuivent leur chemin.

Ces Hommes continuent à vivre soit en plein air soit dans des grottes. Les habitats en grotte sont beaucoup mieux connus parce que, évidemment, ils sont mieux conservés. En plein air, les habitats se trouvent surtout au bord des rivières.

Il est possible de mettre en évidence plusieurs types de campements néandertaliens. Ceux de longue durée se caractérisent par un grand amoncellement de restes, avec une faune abondante, des industries très riches, comme la Baume de Peyrards, dans le Vaucluse, ou le grand abri de La Ferrassie, en Dordogne, qui ont été des campements de base où les Hommes paraissent avoir vécu longtemps. Les habitats plus pauvres correspondent vraisemblablement à des campements saisonniers temporaires. Les sites où il y a très peu de matériel, des ossements et quelques éclats, quelques pointes, quelques grattoirs, correspondent plutôt à des haltes de chasse. C'est le cas par exemple de la grotte de l'Hortus, un gisement situé à 25 kilomètres au nord de Montpellier, où, entre 50 000 et 35 000 ans, des chasseurs de bouquetins se sont installés sur cette corniche escarpée à 200 mètres au-dessus de la rivière dans l'habitat naturel des animaux de rochers.

En étudiant l'origine des roches taillées par les

Néandertaliens, on découvre que ces Hommes allaient rarement chercher leur outillage à plus de 40 ou 50 kilomètres. Ils avaient donc des territoires de chasse, comme les *Homo erectus* et les Anténéandertaliens, de 30 à 50 kilomètres de diamètre, peut-être un peu plus vastes, et souvent ces groupes culturels moustériens paraissent avoir été inféodés à un territoire. Ainsi, dans certaines régions, seront trouvées plutôt des industries charentiennes de type Quina et dans d'autres plutôt des industries de type moustérien typique.

Les Hommes de Néandertal avaient un outillage lithique très élaboré, stéréotypé, très standardisé, qui permet de les différencier des Hommes qui les ont précédés, les Acheuléens : les bifaces disparaissent, ils n'utilisent pas encore le débitage systématique de la lame qui sera le propre des civilisations ultérieures du Paléolithique supérieur, ils n'ont pas encore inventé d'outillage en os, bien qu'ils se servent d'ossements, mais ce n'est pas un outillage spécifique en os (il peut exister des racloirs sur os), à part peut-être, dans certains cas, un poinçon très fruste.

Ils n'ont pas inventé l'art : ils ne gravaient pas, ni ne peignaient, ni ne sculptaient. Néanmoins, dans plusieurs sites moustériens, ont été découverts des crayons d'ocre rouge naturel qui ont été polis, usés à force d'être frottés, manifestement pour peindre les peaux ou les corps eux-mêmes, peut-être. Nul ne sait ce que ces Hommes peignaient, mais il est certain qu'ils utilisaient ce colorant. Les Néandertaliens n'ont pas inventé l'art pas plus que la parure. Aucun élément de parure, de dents ou de coquilles perforées, associé à des outillages moustériens, n'est connu.

Ces Hommes vivaient de cueillette, de chasse, ils n'étaient sans doute plus charognards – le charognage avait été abandonné depuis longtemps –, et ils ont commencé à pêcher en rivière et à ramasser des coquillages, comme dans la grotte des Ramandils à Port-la-Nouvelle, dans l'Aude. Mais cela reste exceptionnel. La pêche ne se généralisera que plus tard, au Paléolithique supérieur.

Les habitats des Néandertaliens sont très élaborés, en particulier en Ukraine sur la rive droite du Dniestr, où les archéologues russes ont pu mettre au jour un véritable campement moustérien sur le site de Molodova I et V, un véritable fond de cabane datant d'environ 50 000 ans, de forme ovale. Cette habitation devait mesurer 10 mètres sur 7 mètres. Elle était entourée d'ossements de mammouths (défenses, omoplates, bassins, mandibules, os longs) qui devaient constituer les murs de la cabane. L'étude de la répartition des objets au sol montre que cette cabane avait deux ouvertures diamétralement opposées correspondant à deux entrées. Une quinzaine de foyers également répartis dans l'axe longitudinal ont été mis en évidence. Cette cabane montre que désormais l'Homme savait édifier des habitats relativement confortables.

Les Néandertaliens avaient donc parfaitement maîtrisé le feu, ils étaient capables de construire des cabanes et devaient savoir fabriquer des costumes. En effet, l'étude des stries que l'on peut mettre en évidence sur les ossements montre qu'ils devaient récupérer les tendons, peut-être pour coudre. Pour la première fois, l'Homme pouvait s'aventurer dans des zones tempérées froides, et on peut même se demander si, comme à Molodova I et V, il ne savait pas vivre occasionnellement sur le sol gelé en permanence, donc dans des régions particulièrement rigoureuses. À partir de Néandertal, l'Homme est capable de s'adapter à des conditions extrêmes.

Chapitre 7

LES PREMIERS HOMMES MODERNES

Les premiers Hommes modernes se développent à partir de 35 000 ans dans de nombreuses régions du monde. Ils ont été précédés par des Hommes modernes anciens appelés « Proto-Cro-Magnons », dont les vestiges ont été retrouvés, datant de 100 000 ans avant notre ère, au Proche-Orient, notamment dans la grotte de Qafzeh près de Nazareth ou dans la grotte de Skhul au Mont Carmel.

En effet, les Hommes de cette époque annoncent les Hommes modernes. Le front se relève, la face devient plus gracile avec l'apparition de la fosse canine et la réduction des sinus maxillaires et la saillie du menton sur la mandibule. Tous ces traits sont caractéristiques des Hommes modernes. Ces Hommes modernes anciens sont les premiers, avec les Néandertaliens, à enterrer leurs morts. Il s'agit toujours d'une culture moustérienne : les industries, les outillages associés à ces Proto-Cro-Magnons sont tout à fait comparables à ceux des Néandertaliens qui ont occupé toute l'Europe occidentale au début du Pléistocène supérieur, c'est-à-dire entre 100 000 et 35 000 ans.

À partir de 35 000 ans apparaissent les véritables Hommes modernes au front beaucoup plus développé formant une grande paroi verticale. Ces *Homo sapiens sapiens*, qui font leur apparition en Europe occidentale dès 38 000 ans d'après les dernières datations au carbone 14, vont être les créateurs des civilisations dites « du Paléolithique supérieur ». Leur stature est élevée, 1,70 m à 1,85 m, leurs os longs sont en général robustes, avec des insertions musculaires très marquées ; leur crâne volumineux est allongé, la moyenne de leur capacité crânienne est de l'ordre de 1 400 centimètres cubes.

Mais ce qui les caractérise, c'est leur front haut, cette paroi verticale au-dessus des orbites avec une face dépourvue de torus sus-orbitaire, contrairement à celle des Néandertaliens. Elle est particulièrement large et basse, les orbites sont rectangulaires et étirées transversalement, le squelette nasal est saillant, l'apparition de la fosse canine et la réduction du sinus maxillaire creuse une dépression sur le maxillaire supérieur. La cavité sinusale était très développée chez les Néandertaliens ce qui donnait à leur face un aspect soufflé et bombé. La mandibule est toujours très robuste et pourvue d'un menton proéminent.

Tout au long de leur évolution entre 35 000 et 10 000 ans avant notre ère, ces Hommes modernes vont se graciliser. Leur crâne va s'affiner, les reliefs osseux vont s'atténuer, la face deviendra relativement moins large et la stature progressivement plus petite. Le grand développement du front est certainement lié à une modification du cerveau, au grossissement des lobes frontaux antérieurs qui sont le siège des associations d'idées. Cela va entraîner l'émergence, ou tout au moins l'éclosion de la pensée symbolique. Ces Hommes vont inventer l'art : la parure, la peinture, la gravure, la sculpture et un peu plus tard le modelage.

L'évolution des Hommes modernes a débuté très tôt, certainement dans un milieu d'*Homo erectus* qui se sont répandus en particulier en Afrique et au Proche-Orient et dans l'Ancien Monde. En Europe occidentale, l'aboutissement ultime de l'évolution des *Homo erectus* fut les Néandertaliens qui ont disparu assez brutalement vers 35 000 ans et ont été remplacés par des formes plus évoluées, par des Proto-Cro-Magnons. Ceux-ci ont connu, sans doute aussi dans un milieu d'*Homo erectus*, un processus de gracilisation de leur face, avec la diminution et même la disparition du torus sus-orbitaire et l'élèvement du crâne, qui a débuté vers 100 000 ans. Vraisemblablement, ces Hommes modernes archaïques, ces Proto-Cro-Magnons ont submergé aux environs de 35 000 ans les Néandertaliens et les ont remplacés assez brutalement. Ils sont bien connus depuis la découverte de la sépulture de l'Homme de Cro-Magnon dans une grotte des Eyzies en 1865. C'est le premier représentant des *Homo sapiens sapiens*, c'est-à-dire des Hommes tout à fait modernes (Fig. 55).

Ces premiers Hommes modernes ont apporté au patrimoine culturel de l'humanité toutes sortes d'inventions étonnantes. Les ensembles industriels du Paléolithique supérieur diffèrent en effet de ceux du Paléolithique moyen par la technique de débitage et l'utilisation de l'os. Les premiers *Homo sapiens sapiens* ont considérablement développé les techniques de taille de la pierre en généralisant la taille laminaire. Ils sont parvenus à extraire de rognures de galet, de silex, de quartz ou de quartzite de longues lames tranchantes sur les deux bords. Avec cet outillage, l'industrie va s'alléger. Les éclats de débitage sont plus longs et plus plats, de sorte qu'un tranchant de plus en plus long peut être obtenu dans une masse de plus en plus faible de matière première.

Avec le débitage laminaire de la pierre, de nouveaux types d'outils vont se développer. Les grattoirs, qui existaient bien sûr dans les cultures moustériennes,

LES PREMIERS HOMMES MODERNES

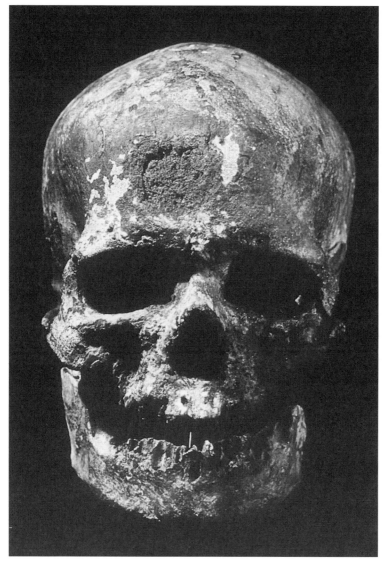

Fig. 55. – *Le vieillard de Cro-Magnon, Dordogne, France.*

vont être généralement aménagés en bout de lame et se multiplier. Les burins, encore très rares dans les civilisations moustériennes, vont devenir très abondants. Dans certaines cultures du Paléolithique supérieur, les grattoirs sont plus nombreux que les burins, comme dans l'Aurignacien par exemple ; dans d'autres, il y a plus de burins que de grattoirs, comme dans le Gravettien. Autre type qui se développe à partir du Paléolithique supérieur et qui prend une grande extension dans certains faciès de ces civilisations : le perçoir, une petite pointe piquante très acérée, généralement dégagée par des encoches adjacentes. Enfin, un autre outil va prendre son essor, c'est le couteau à dos, ou la pointe à dos : sur une lame de silex, un bord a été tronqué pour aménager un rebord appelé le dos. Burins et perçoirs sont des outils nouveaux, vraisemblablement liés au développement de certaines activités artisanales : travail des peaux et couture pour les perçoirs, travail du bois, de l'os et sculpture pour les burins.

D'autres types d'outils vont faire leur apparition, et pour la première fois, en os. D'abord des poinçons ou des bâtons perforés, appelés parfois « bâtons de commandement », qui étaient en fait des redresseurs de sagaies (Fig. 56). C'était certainement l'outil familier du chasseur, certains ayant été décorés et plus tard sculptés. Parmi d'autres outils en os, apparaissent par exemple l'aiguille perforée, l'aiguille à chas, dans le

LES PREMIERS HOMMES MODERNES

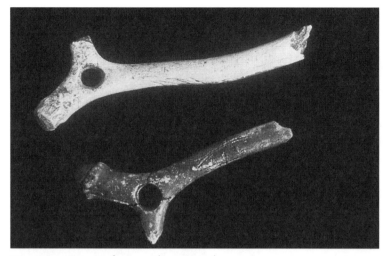

Fig. 56. – *Bois perforés, redresseurs de sagaies.*

Solutréen vers 18 000 ans, puis le harpon à un ou deux rangs de barbelure dans le Madgalénien moyen vers 14 000 ans. Autre outil, très spécialisé celui-là, encore utilisé par les aborigènes d'Australie ou par les Esquimaux : le propulseur, un bâton à crochets destiné à propulser des sagaies avec une très grande force. Il s'est largement répandu dans les cultures de la fin du Paléolithique supérieur, dans les cultures magdaléniennes à partir de 14 000 ans (Fig. 57). Certains devaient être chers aux chasseurs, car ils ont été ornés, comme par exemple le propulseur à crochets découvert dans la grotte d'Enlène en Ariège, sur lequel ont été sculptés deux bouquetins affrontés.

 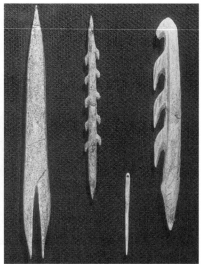

Fig. 57. – *Remontage d'un nucleus à lames du Paléolithique supérieur. Industrie en os du Paléolithique supérieur.*

Les cultures du Paléolithique supérieur vont se succéder en Europe occidentale. Pour la première fois, une chronologie des cultures peut être retracée, une évolution assez précise et rigoureuse, avec des pièces très caractéristiques. Le Châtelperronien (34 000 à 30 000 ans avant notre ère) est une industrie de transition entre le Moustérien et le Paléolithique supérieur. La plus grande partie de l'outillage est encore constituée par des outils de type moustéroïde (racloirs, denticulés, etc.). Mais de nouvelles acquisitions culturelles (couteau de Châtelperron, industrie osseuse) annoncent les premières civilisations du Paléolithique supérieur.

LES PREMIERS HOMMES MODERNES

La plus ancienne est l'Aurignacien – compris entre 30 000 et 26 000 ans – qui se caractérise par des lames retouchées assez épaisses, des lames à étranglement, une grande abondance de grattoirs sur lames, ou carénés sur éclats épais (Fig. 58). Ces outils sont généralement aménagés par des retouches caractéristiques (« aurignaciennes »). L'outillage en os est varié et très élaboré : pointes à base fendue, poinçons, bâtons perforés, etc. C'est la civilisation qui nous a laissé les restes humains les plus prestigieux, ceux de Combe-Capelle, de Grimaldi et surtout de Cro-Magnon en France, ou de Brno et de Predmost en Europe centrale.

Fig. 58. – *Grattoirs aurignaciens.*

Fig. 59. – *Industrie lithique gravettienne : pointe de la Gravette, pointe pédonculée, burins.*

Puis, entre 26 000 et 20 000 ans, nous avons les civilisations gravettiennes, appelées parfois « périgordiennes » et qui se caractérisent par des outillages sur lames avec beaucoup de couteaux à dos, des pointes, comme celle de la Gravette, et une plus forte proportion de burins, sur troncature retouchée, que de grattoirs. L'industrie osseuse comprend essentiellement de longues sagaies, à biseau ou biconiques (Fig. 59).

Avec les civilisations solutréennes, nous sommes à l'apogée de la taille de la pierre. Elles sont caractérisées par de très belles pointes foliacées en silex que les préhistoriens appellent « feuilles de lauriers » et qui témoignent de la remarquable habileté de leurs artisans. Plusieurs phases peuvent être individualisées : une première, avec des pointes à face plane, des pointes retouchées sur une seule face ; un Solutréen moyen avec ses feuilles de lauriers qui sont parfois de véritables chefs-d'œuvre de la technologie, comme la célèbre pointe foliacée de Volgu trouvée en Saône-et-Loire ; la dernière est celle à pointes à cran, bien caractéristiques du Solutréen terminal. L'industrie osseuse est peu variée : petits hameçons, sagaies, bâtons percés, premières aiguilles à chas. Le Solutréen a dominé l'Europe occidentale entre 20 000 et 16 000 ans.

Enfin, entre 16 000 et 10 000 ans, les civilisations magdaléniennes occupent une grande partie de l'Europe occidentale, l'Espagne, l'ouest de la France, une partie même de la vallée du Rhône. Les vestiges sont bien conservés dans des sépultures datées avec précision comme à Chancelade, au Cap-Blanc, au Placard, à La Madeleine et à Saint-Germain-la-Rivière. Le Magdalénien n'atteint pas la Méditerranée, mais il se retrouve en Suisse où il se relie au Madgalénien final français par les sites du Jura et de Veyrier près de Genève. L'industrie lithique se caractérise par une grande abondance de burins, de grattoirs en bout de lame, de perçoirs et de lames à dos. L'outillage en os est remarquable : sagaies, certaines ornées, propulseurs, harpons...

Parallèlement, se prolongent en Europe de l'Est, notamment en Italie, des faciès culturels dérivés du Gravettien appelés civilisations de l'Épigravettien.

Ultime aboutissement du Magdalénien final, la culture azilienne s'est développée entre 10 000 et 8 000 ans avant J.-C. L'outillage est caractérisé par de petits grattoirs circulaires, unguiformes, et de petites lamelles à dos courbes (pointes aziliennes). L'industrie en os est constituée par des harpons plats en bois de cerf avec un trou basal.

Ces civilisations du Paléolithique supérieur vont se caractériser, outre par le développement technologique (le débitage laminaire de la pierre, l'apparition de l'outillage en os), surtout par l'invention de la parure et de l'art. Ces deux inventions fondamentales dans l'histoire de l'humanité, qui font des Hommes du Paléolithique supérieur les premiers artistes, témoignent de l'extraordinaire essor de la pensée symbolique qui est bien en relation avec celui des lobes frontaux du cerveau attesté par le développement du front.

La parure fait son apparition dès les toutes premières civilisations du Paléolithique supérieur, comme la civilisation de transition de Châtelperron. Ainsi dans la grotte de Renne à Arcy-sur-Cure (Yonne), associées à une culture châtelperronienne, ont été recueillies des dents perforées de renard qui sont des éléments de parure.

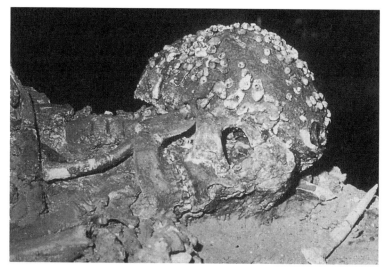

Fig. 60. – *Sépulture de la grotte du Cavillon, Grimaldi, Italie.*

Des colliers à rangs multiples de coquillages perforés ont été découverts. Ceux-ci pouvaient être aussi utilisés pour confectionner des coiffures, comme la résille découverte sur le crâne de l'Homme de Menton (Fig. 60), ou pour décorer des vêtements (sépulture de Sounguir, en Biélorussie). La parure était souvent complétée par diverses pendeloques en os, en ivoire, en bois de cervidés ou en pierre, parfois même de grandes dimensions.

Les nombreuses découvertes d'aiguilles à chas, dans les sites du Paléolithique supérieur, évoquent la confection de vêtements ajustés. Il n'est pas douteux que le travail des peaux était une activité prépondérante chez les hommes et les femmes de cette période. Le port des vêtements a été établi par la découverte des sépultures de Sounguir et en particulier par la double sépulture d'enfants (Fig. 61). Il est également attesté par quelques représentations de l'art pariétal et mobilier (grotte de La Marche, dans la Vienne).

Plusieurs rangs d'éléments de parure, découverts dans les sépultures, évoquent le port de chapeaux de cuir, de vestes, de pantalons et de mocassins.

Mais la grande invention des hommes du Paléolithique supérieur, c'est l'art, l'art pariétal. Pour la première fois, les Hommes sont capables de dessiner, de graver, de sculpter et même de modeler. Ils le font d'abord dans de petites grottes, puis sur les parois des cavernes profondes. Ils représentent surtout des animaux, et exceptionnellement des silhouettes humaines. La découverte dans les gorges de l'Ardèche, le 18 décembre 1994, de la grotte Chauvet dont les peintures datent de 30 000 ans, démontre que dès l'origine l'Homme moderne a été au sommet de son art. Il avait déjà inventé des techniques pour rendre la perspective et le mouvement, il avait inventé le dégradé et l'estompage. On peut dire que le maître de la grotte Chauvet était déjà un grand maître de l'art.

Depuis la découverte à la fin du XIXe siècle de l'art rupestre franco-cantabrique, diverses hypothèses sur la nature et les moyens d'application des colorants sur

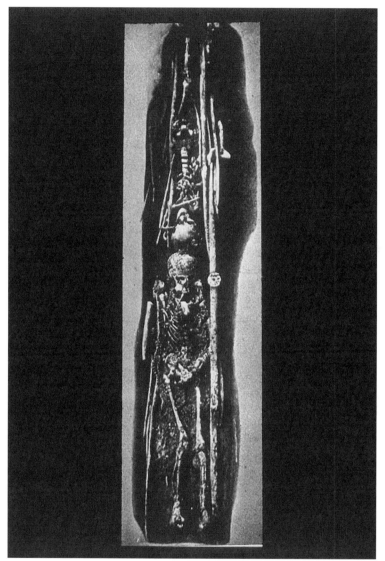

Fig. 61. – *Sépulture double d'enfants, Sounguir, Russie.*

les parois des grottes ont été proposées. Les mélanges dans la composition des colorants, établis à partir de leur structure physique, confirment la maîtrise de la technique picturale.

Les colorants étaient des pigments minéraux naturels : l'ocre fournissait le jaune, le rouge et le brun ; le manganèse, le noir et le marron foncé, le kaolin, la couleur blanche, la limonite et l'hématite pour l'orange, le rouge et le bistre. Ces pigments étaient écrasés à l'aide de broyeurs de pierre dans les cavités naturelles de palettes elles aussi en pierre (plates ou rondes), d'ossements d'animaux chassés ou de coquilles marines. Les artistes se servaient d'eau ou de graisse d'origine animale ou végétale comme liant avant de peindre sur les parois.

La mise en place des peintures pariétales semble avoir été précédée et souvent complétée par la gravure. En ce qui concerne l'application des colorants, plusieurs moyens ont pu être utilisés simultanément ou successivement dans une même grotte : crayons d'ocre, pinceaux, doigt nu, tampons de fourrure, tubes ou cavité buccale utilisés comme vaporisateurs.

Les grottes ornées paléolithiques sont situées sur la façade atlantique de l'Eurasie ; toutefois il en existe quelques-unes dans l'aire méditerranéenne et jusque dans l'Oural. Dans le sud-ouest de la France, elles ont été découvertes en Dordogne, dans le Périgord, en

Ariège, en Ardèche, dans la région de Marseille (Fig. 62 et 63).

L'ensemble des thèmes figuratifs de l'art pariétal présente une certaine homogénéité. De toute évidence, les animaux ont joué un rôle considérable dans l'économie des chasseurs paléolithiques et leurs images ont dû alimenter les rêves comme elles ont inspiré les peintres et les graveurs. Mais l'hypothèse selon laquelle la raison d'être de ces peintures serait l'envoûtement des animaux figurés, pour s'en assurer la possession magique lors de la chasse, concerne moins de 10 % des représentations animales, celles qui les montrent transpercés par des flèches. L'art des cavernes n'est pas forcément en relation avec la chasse puisqu'à Lascaux, par exemple, les Hommes consommaient surtout du renne et qu'il n'y a qu'une seule peinture de renne : ce sont surtout des cerfs qui sont représentés. L'hypothèse d'un art en relation avec la fécondité est aussi impossible à soutenir : ni les figures féminines ni les animaux n'évoquent la reproduction ou l'enfantement.

L'étude de l'art pariétal paléolithique met en évidence son organisation ; rien n'est raconté ni explicité clairement, tout paraît symbolique et codé. Certains chercheurs y ont vu des pièges, des huttes, des armes, des blasons, en se fondant sur de vagues similitudes de formes et des coïncidences ethnographiques. Pour André Leroi-Gourhan, l'étude de leur répartition

Fig. 62. – *Chevaux bruns de la grande salle de la grotte de Lascaux, Dordogne, France.*

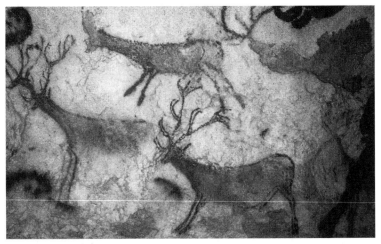

Fig. 63. – *Biche et cerfs élaphes peints dans la Rotonde de la grotte de Lascaux, Dordogne, France.*

chronologique et topographique montre que les signes sont des symboles de caractère sexuel masculin et féminin. Les ovales, triangles et signes quadrangulaires sont autant de représentations plus ou moins abstraites de vulves. Les points et les bâtonnets sont des signes masculins, mais leur abstraction dépasse la simple analogie formelle. Ce qui est certain, c'est qu'il s'agit d'un code symbolique : liaisons préférentielles entre certaines espèces animales, relations électives entre les différents types de signes, composition en file, en paires, etc.

Les Hommes ont pu pénétrer à l'intérieur des cavernes grâce à des lampes creusées dans des pierres où devaient brûler des matières organiques (huiles, graisses). Ces lampes y ont souvent été retrouvées comme à La Mouthe, au Moustier ou à Lascaux. Dans ce dernier sanctuaire profond, les fouilles ont mis au jour une lampe façonnée en grès rose et plus d'une centaine non façonnées en pierres brutes de calcaire local choisies à cause de leur petite dépression naturelle. Leur lueur devait être celle d'une bougie et créer une ambiance très particulière. Des expériences ont été faites avec des artefacts : à la lueur de ces flammes vacillantes on a l'impression fantastique de voir les animaux en mouvement.

Parallèlement à l'art pariétal, un important art mobilier va se développer. Il peut s'agir de rondelles d'os découpées, perforées, sur lesquelles ont été gravés des animaux, ou de contours découpés en forme de tête de biche, de bison, de cheval, ou de figurines féminines, ou encore de plaquettes gravées, d'armes et d'outils décorés, de statuettes. Des premières rondes-bosses aurignaciennes aux magnifiques scènes gravées sur les objets magdaléniens, l'art mobilier se développe durant tout le Paléolithique supérieur. Sa distribution et sa densité sont beaucoup plus grandes que celles de l'art pariétal, ce qui s'explique assez bien par les mouvements de populations et les contacts culturels.

À l'Aurignacien, les éléments de parure sont très abondants (dents percées, coquillages perforés). Leur disposition dans les sépultures évoque leur utilisation. Outre le décor sur os ou sur ivoire qui se manifeste sous forme d'incisions rectilignes, obliques, en x ou en y, apparaissent les premières Vénus d'art en ronde bosse.

L'art mobilier gravettien voit l'apparition des premiers objets utilitaires en os à décor figuratif. Des représentations animales sont aussi gravées sur un support minéral. Mais le plus étonnant est la diffusion sur une aire géographique étendue et avec une grande uniformité de style des Vénus : petites statuettes en ivoire, en os ou en pierre qui sont des représentations féminines aux formes exagérées et assez stéréotypées. On les trouve en France par exemple à Lespugue

 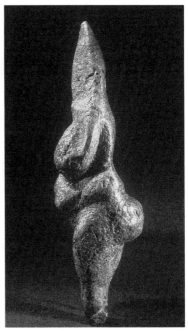

Fig. 64. – *Vénus de Lespugue* Haute-Garonne.

Fig. 65. – *Vénus de Savignano,* Italie.

(Fig. 64) dans la Haute-Garonne ou à Brassempouy dans les Landes, et aussi à Savignano en Italie (Fig. 65), à Kostienki et Avdeevo en Ukraine, ce qui témoigne de la grande unité culturelle de ces civilisations gravettiennes en Europe entre 26 000 et 20 000 ans. On trouve aussi des bâtons perforés et des propulseurs qui sont sculptés, gravés, sur lesquels on voit même des représentations humoristiques, comme au Mas d'Azil où un bouquetin qui relève la queue laisse sortir une

L'Homme premier

Fig. 66. – *Propulseur de la grotte de Canecaude, Aude.*

crotte qu'un petit oiseau béquette. Il y a aussi le propulseur à crochets aux deux bouquetins affrontés dans la grotte d'Enlène (Fig. 66).

Au Solutréen, l'art mobilier est peu important. Il est essentiellement représenté par des os ou des dents, gravés de traits parallèles, et par des pendentifs (dents percées, perles).

Au Magdalénien, les instruments deviennent fréquemment les supports de décorations élémentaires (incisions, cupules) ou complexes, parfois symboliques. La statuaire est moins abondante qu'au Gravettien, mais apparaissent des formes découpées dans des os plats et larges, géométriques ou figuratives (têtes animales). Au cours du Magdalénien supérieur, l'art mobilier évolue progressivement vers l'abstraction délibérée par schématisation des formes.

LES PREMIERS HOMMES MODERNES

Les Hommes du Paléolithique supérieur vont occuper l'Europe occidentale entre 30 000 et 10 000 ans avant notre ère. Ils vivent dans des conditions très dures puisque c'est la période de froid maximum de la dernière période glaciaire et même l'une des périodes les plus froides de tout le Quaternaire. Les glaciers prennent une grande extension, ils arrivent au milieu de l'Angleterre, en Belgique, au nord de l'Allemagne, au nord de la Pologne. Le climat est donc particulièrement rigoureux. La forêt disparaît, la steppe et la prairie s'installent, les vents balayent ces espaces découverts, secs, transportant des poussières qui forment d'importants dépôts de loess. Dans ces vastes espaces prospèrent de grands troupeaux d'herbivores, de bisons, de chevaux mais aussi de rennes.

Ces Hommes sont des chasseurs de rennes et une grande partie de leur mode de vie est liée à sa consommation. En Dordogne ou à Pincevent dans le Bassin parisien, les Hommes vivaient en équilibre avec le renne. Dans d'autres régions, comme en Ukraine, ils pouvaient vivre en équilibre avec le mammouth. Les fouilles ont dégagé des campements de chasseurs de mammouths, avec des maisons en ossements de mammouth, le contour des cabanes construit avec des colonnes vertébrales ou des mandibules de mammouths empilées, les défenses de mammouth servant de support à la couverture de la hutte qui devait être une fourrure de mammouth. Les foyers devaient être entretenus avec de la graisse ou des os de mammouth. Les Hommes devaient consommer de la viande de mammouth, s'habiller avec de la fourrure de mammouth, tailler leurs outils dans de l'ivoire de mammouth. Là, ils vivaient en symbiose avec le mammouth ; en Europe occidentale, c'était avec le renne.

Ces chasseurs nomades du Paléolithique supérieur s'installent soit dans des abris sous roche, soit à l'entrée des grottes où ils construisent le plus souvent un abri secondaire appuyé contre les parois.

Dans les plaines, au bord des rivières, ils ont installé des campements temporaires autour des foyers. Ces campements en plein air sont particulièrement nombreux dans les steppes d'Europe orientale, en Ukraine et dans les grandes plaines russes où il n'y a pas de grottes. Les chasseurs construisent alors de vastes cabanes circulaires ceinturées par des pierres. En Europe orientale, les cabanes sont construites avec des ossements de mammouths, recueillis dans les steppes, sur des squelettes abandonnés (Mezheritch, Mézine, Kostienki) (Fig. 67 à 70). L'os était utilisé comme combustible dans les régions où le bois était rare.

À Pincevent, près de Montereau (Seine-et-Marne), les chasseurs magdaléniens édifiaient des tentes à trois éléments, couvertes de peaux et soutenues par trois faisceaux de piquets. Chaque tente comportait une

LES PREMIERS HOMMES MODERNES

Fig. 67. – *Mezheritch, Ukraine.*

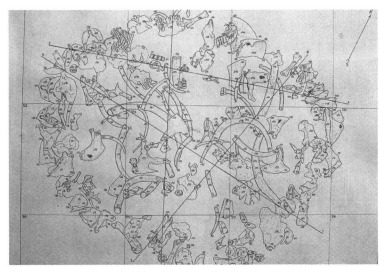

Fig. 68. – *Mezheritch, Ukraine.*

L'HOMME PREMIER

Fig. 69. – *Mezheritch, Ukraine.*

Fig. 70. – *Mezheritch, Ukraine.*

entrée principale et deux issues latérales. Les foyers étaient installés dans des petites cuvettes de 50 centimètres de diamètre. La surface de la tente était d'environ 30 mètres carrés et pouvait abriter dix à quinze personnes.

Pour la première fois, les Hommes du Paléolithique supérieur ont pénétré dans les zones boréales, dans les zones arctiques, ils ont été capables de s'installer sur le permafrost, sur le sol gelé permanent. Cela implique un aménagement de leur habitat et de leurs vêtements. On sait que les Hommes du Paléolithique supérieur confectionnaient des vêtements très confortables. Ainsi, dans la grande plaine russe, à 200 kilomètres au nord-est de Moscou, on a trouvé à Sounguir la sépulture d'un homme d'une quarantaine d'années qui avait été enterré dans le loess avec son plus beau costume. Bien entendu, le tissu a disparu, mais comme sur son costume un très grand nombre d'éléments de parure taillés dans de l'ivoire de mammouth, de petits disques perforés avaient été cousus, il a été facile de reconstituer ce costume (Fig. 71). Il comportait une coiffe avec un bandeau autour du front, une veste avec des manches et des bracelets autour des bras, des bandeaux sur la poitrine, des mitaines, des pantalons – et même des mocassins. Ce n'est sans doute pas le costume de tous les jours, et on peut se demander s'il ne s'agit pas d'un costume

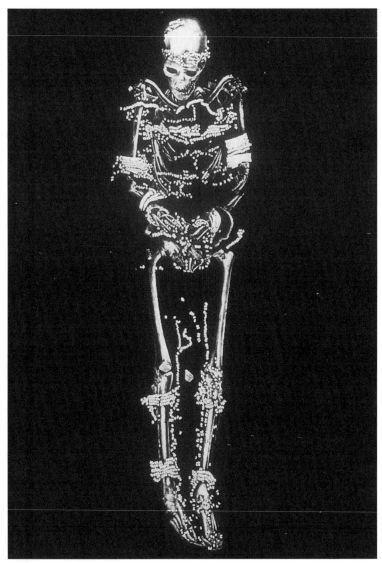

Fig. 71. – *Sépulture de l'adulte, Sounguir, Russie.*

funéraire, mais manifestement ces Hommes du Paléolithique supérieur étaient capables et obligés de faire des costumes extrêmement confortables, avec veste et pantalon, pour affronter les conditions extrêmes dans lesquelles ils vivaient : un sol qui ne dégelait jamais, sur lequel ou dans lequel ils enfouissaient leurs cabanes comme à Mezheritch en Ukraine.

Ces Hommes vont être les premiers navigateurs. Pour la première fois, ils sont capables de construire des bateaux, ou plus exactement des radeaux de fortune. Ils n'ont pas été retrouvés jusqu'à présent, mais il est possible de mettre en évidence des habitats dans des zones qui ont toujours été inaccessibles à pied sec. C'est ainsi que, pour la première fois, les Hommes vont arriver en Sardaigne. Récemment, ont été trouvés dans une grotte des ossements, des débris de chasse, des éclats de débitage laissés par ces Hommes de la fin du Paléolithique supérieur. C'est à cette époque, vers 35 à 38 000 ans, que les hommes vont atteindre pour la première fois le continent de Sahul c'est-à-dire un continent qui pendant les périodes glaciaires reliait l'Australie, la Nouvelle-Guinée et la Tasmanie. Pendant les périodes glaciaires qui se renouvellent régulièrement tout au long du Quaternaire, l'eau des mers s'abaisse de 110 mètres environ, car une grande partie de l'eau des océans est stockée sous forme de glace sur les continents, si bien que dans le Sud-Est asiatique par exemple, la péninsule de la Sonde, Java, Bornéo, Sumatra étaient reliées au continent, tandis que l'Australie, la Tasmanie et Sumatra formaient un seul continent et qu'entre les deux, il y avait un bras de mer que les bio-géographes ou les paléontologues appellent la ligne de Wallace relativement étroit mais que les Hommes et les mammifères n'ont jamais pu franchir. Seuls les Hommes du Paléolithique supérieur en ont été capables. Or, c'est à partir de 35 000-36 000 ans qu'apparaissent les premiers habitants de l'Australie et de Nouvelle-Guinée. Dans le sud de l'Australie, en particulier à Mungo, ont été mis au jour des crânes d'Hommes modernes associés à une industrie qui reste encore archaïque, qui ne présente pas les mêmes caractéristiques que les civilisations du Paléolithique supérieur d'Europe occidentale mais qui est incontestablement de pierre taillée. C'est sans doute aussi à la même époque que les Hommes s'installent définitivement en Amérique. Ils sont passés, non pas en bateau cette fois, mais à pied par le détroit de Bering qui devait former un isthme de plus de 2 000 km de large lorsque les océans se sont abaissés ce qui a permis à ces Hommes du Paléolithique supérieur de revenir à plusieurs reprises sur le continent américain. Le peuplement américain est devenu permanent et de plus en plus important à partir de cette époque-là.

Les chasseurs du Paléolithique supérieur organisent de plus en plus des chasses spécialisées, des chasses au renne en général, au mammouth et parfois aussi au bison ou au cheval. Leurs procédés de chasse sont assez bien connus. Le propulseur permettait d'atteindre des animaux à la course rapide, il augmentait la précision du tir et la force de pénétration du projectile (sagaie). La fronde était aussi ulilisée. La pratique des battues est attestée.

Si la chasse a été l'une des activités principales des Hommes du Paléolithique supérieur, ils n'avaient pas abandonné pour autant la cueillette. Ils en vivaient certainement mais c'est plus difficile à mettre en évidence car les graines ne se conservent pas ou rarement. Dans certains cas, ont été trouvés des éléments fossilisés qui avaient été brûlés et qui permettent de confirmer que les Hommes du Paléolithique supérieur poursuivaient la cueillette.

Pour assurer leur subsistance, les Hommes modernes du Paléolithique supérieur vont développer les activités de pêche, surtout à partir du Magdalénien moyen. Pour la première fois, l'Homme préhistorique devient un véritable pêcheur. Une partie de son outillage, en particulier les petites lamelles à dos ou certaines petites barbelures qui sont des éléments de harpons, ou encore les véritables harpons du Magdalénien, confirment le développement de ces activités de pêche qui est d'ailleurs attestée par la relative abondance d'ossements de poissons dans les habitats de ces civilisations. Mais l'observation de ces ossements permet de constater qu'il s'agit, même en bord de mer comme dans les grottes de Grimaldi par exemple, surtout de poissons d'eau douce en particulier des truites. La pêche au poisson de mer viendra beaucoup plus tard, à partir du Mésolithique, c'est-à-dire à partir de 8 000 ans avant notre ère. Les hameçons en os apparaissent au Magdalénien moyen, il y a environ 14 000 ans.

À partir de l'Épipaléolithique, face à la rareté des grands troupeaux d'herbivores, la récolte intensive des coquillages prend, dans certains groupes humains, une place prépondérante.

Au Paléolithique supérieur, les sépultures présentent des caractères communs : les squelettes reposent dans des fosses, allongés ou en position fléchie ; ils sont souvent recouverts d'ocre rouge. Le défunt était inhumé avec des parures (colliers de coquillages), des œuvres d'art mobilier et des armes. La sépulture est le plus souvent protégée par des pierres ou par des ossements de grands mammifères (omoplates de mammouth à Pavlov, en Moravie du Sud). À Grimaldi, un adolescent avait la tête entourée de trois blocs de pierre dressés verticalement qui en soutenaient un quatrième placé horizontalement, le tout formant une sorte de petit coffre.

LES PREMIERS HOMMES MODERNES

Fig. 72. – *Double sépulture de la grotte des Enfants, Grimaldi, Italie.*

Généralement, les sépultures occupent un espace réduit. Elles sont placées dans des grottes ou des abris sous roches. Les corps peuvent reposer seuls, par deux (grotte des Enfants) (Fig. 72) ou par groupe (Cro-Magnon, Predmost). Parfois, le corps est placé en flexion forcée, jambes pliées à l'extrême (grotte des Enfants). Cette attitude suggère que le corps était ligoté ou peut-être contenu dans des sacs de peau.

En 1872, Émile Rivière découvrit, dans la grotte du Cavillon, une sépulture aurignacienne. Elle contenait le squelette d'un jeune homme âgé d'environ 18 ans et d'assez grande stature. Le squelette reposait sur le côté gauche. La tête avait été couverte d'une résille ornée de plus de 200 coquilles percées ; 29 craches de cerf perforées étaient situées contre la région temporale. En travers du front se trouvait un instrument en os confectionné dans un radius de cerf. Deux longues lames triangulaires de silex avaient été disposées en arrière du crâne. Au-dessus de l'articulation du genou gauche se trouvaient 41 coquilles percées.

Chapitre 8

LES DERNIERS PEUPLES CHASSEURS

Les cultures de l'Épipaléolithique et du Mésolithique, qui s'échelonnent entre 8 000 et 6 000 ans avant notre ère, constituent une véritable transition. Elles sont l'aboutissement ultime des dernières grandes civilisations du Paléolithique supérieur, celles des chasseurs du Quaternaire, et l'aube d'une ère nouvelle, celle des premiers peuples agriculteurs et pasteurs.

Cette transition correspond chronologiquement à un changement très important des climats et des paysages. C'est l'extrême fin des temps glaciaires et le début des temps postglaciaires. Rappelons que 10 000 ans avant notre ère, par exemple, le niveau des mers et des océans était situé 110 mètres plus bas que de nos jours ; d'importants glaciers recouvraient le nord de l'Europe, constituant un véritable inlandsis – l'inlandsis arctique –, les sommets des Alpes, des

Pyrénées, du Massif central, et s'avançaient très bas dans les vallées du Rhône et de la Durance. Autour des glaciers, il existait des zones périglaciaires particulièrement rigoureuses, et dans une grande partie de l'Europe, le sol était gelé en permanence (permafrost). Les forêts étaient en régression, les zones non occupées par les glaces l'étaient généralement par de grands espaces découverts, des prairies, des steppes, et dans ces régions déboisées vivaient de grands troupeaux d'herbivores.

Or, entre la dernière époque glaciaire du Pléistocène et l'époque postglaciaire de l'Holocène, une période de transition climatique s'est intercalée. Elle a débuté par une période qu'on appelle le « Préboréal », qui va de 8200 à 6200 avant J.-C. et qui est vraiment la période de transition entre les dernières périodes froides quaternaires du Tardiglaciaire et les prémices de réchauffement postglaciaire. Cette période est caractérisée par le développement du bouleau. Mais à la période suivante, le Boréal, de 6 800 à 5 500 ans, le réchauffement climatique s'accentue, entraînant la réduction du bouleau et l'extension des pinèdes et des noisetiers. Enfin, la période atlantique, qui marque la fin du Mésolithique entre 5 500 et 2 500 ans, est l'optimum climatique puisqu'elle est un peu plus chaude que l'actuelle. C'est alors que s'installe dans toute l'Europe occidentale la chênaie mixte, notre forêt classique caractéristique d'un climat tempéré humide. Ces changements climatiques ont eu une répercussion très importante sur les faunes.

Brutalement, aux environs de 8 000 ans avant notre ère, le climat se réchauffe, les glaciers fondent, entraînant de grandes débâcles glaciaires et de fortes érosions. Les océans et les mers absorbent beaucoup d'eau, le niveau des eaux monte, transgresse, et en deux millénaires il atteint le niveau actuel. Le paysage se transforme. Progressivement, la forêt remplace la steppe et la prairie, les troupeaux de grands herbivores – rennes, bœufs musqués, chevaux – disparaissent d'Europe occidentale et remontent vers le nord ; les grands carnivores, les mammouths, les rhinocéros à longs poils s'éteignent progressivement. Dans ces forêts se multiplient des animaux adaptés tels que le cerf, le chevreuil, le sanglier ou le lapin, qui a constitué une part importante de l'alimentation des Hommes du Mésolithique. Un paysage très différent donc, auquel les Hommes vont devoir s'adapter.

En Europe occidentale, la civilisation magdalénienne était arrivée à son apogée et s'était parfaitement adaptée à son environnement. Elle est souvent appelée la « civilisation du renne » parce qu'elle s'est élaborée en symbiose avec cet animal. Or ces changements climatiques ont entraîné sa ruine sur une grande partie de l'Europe. Liée à la chasse au renne surtout, mais aussi au bison ou au cheval, elle ne s'est pas adaptée lorsque ces animaux sont remontés vers le nord et que la forêt est revenue. Il ne semble pas qu'elle ait suivi les troupeaux de grands herbivores. Les civilisations esquimaudes ou laponnes, qui sont elles aussi bien adaptées au renne, ne sont pas dérivées de la civilisation magdalénienne. Celle-ci a donc disparu et a été remplacée progressivement par d'autres cultures. On appelle aussi « épipaléolithique » le terme ultime de l'aboutissement de ces cultures magdaléniennes qui sont coupées de leur environnement traditionnel et qui essaient de s'adapter. On appellerait plutôt « mésolithiques » les civilisations nouvelles qui s'implantent bien sûr sur les ruines des premières mais qui s'ouvrent à un autre monde.

Cette transition s'est sans doute faite beaucoup plus tôt au Proche-Orient. En effet, le site de la Mallaha, dans la région du lac Tibériade, recèle dans des niveaux assez anciens datant de 10 000 ans avant J.-C. une brillante civilisation appelée le « Natoufien ». Les fouilles ont mis au jour de véritables maisons de pierre circulaires qui sont les premiers témoignages d'une sédentarisation. Ce sont les premiers villages constitués par l'association d'une série de cabanes de forme ronde. Ces villages sont des habitats permanents (les hommes ne sont plus des nomades) de populations parvenues à un stade préagricole. Elles se trouvent au carrefour de plusieurs zones ayant des ressources végétales et animales complémentaires. Si ces populations gardaient encore une certaine mobilité pour effectuer des expéditions de chasse et de récolte, le village était le point d'ancrage permanent du groupe. Les opérations de collecte ne devaient occuper que quelques personnes et les produits ramassés étaient stockés dans les habitations.

Pour la première fois, les hommes se sédentarisent, ils ne sont plus prédateurs, ils ne vivent plus essentiellement de chasse ni de pêche, ils vivent des produits de leurs territoires sans qu'il soit déjà possible de parler d'une agriculture. Il s'agit d'une phase pré-agricole de récolte intensive de céréales dans une région où celles-ci poussaient sans doute en abondance à l'état sauvage. Peut-être qu'un jour ces graminées sauvages sont devenues plus rares et que les Hommes ont dû les sélectionner et les planter, aux environs du VIIIe et IXe millénaire : ainsi serait née l'agriculture.

Cette activité productrice a dû apparaître dans une région périphérique par rapport à celles où les céréales sauvages étaient abondantes, dans une région où elles ne l'étaient pas assez pour permettre la survie alimentaire de toute la population, par exemple dans la vallée du Jourdain, à Jéricho, vers le VIIIe millénaire. Là, au Proche-Orient, en Anatolie et en Palestine, se constitue un foyer de néolithisation. Le terme de

« révolution néolithique » est parfois évoqué : en fait, cette révolution n'a pas été brutale, elle s'est préparée pendant deux ou trois millénaires, durant la grande période de transition entre les cultures paléolithiques et les cultures néolithiques.

Les Hommes de ces civilisations étaient les héritiers des Hommes du Paléolithique supérieur et ils sont très proches des Hommes actuels. Sous leur grande homogénéité, les anthropologues ont mis en évidence de nombreuses variations régionales qui annoncent déjà les particularismes que nous connaissons aujourd'hui. Les caractères anthropologiques des groupes humains actuels se sont mis en place dès le Mésolithique.

En général, les crânes se caractérisent par leur forme ovoïde et leur grande longueur ; le front est légèrement élevé ; l'occipital est dépourvu de chignon ; la face et les orbites sont plutôt basses et larges ; le nez est relativement étroit ; la stature est plutôt petite, bien plus petite que celle des Hommes de Cro-Magnon du Paléolithique supérieur ; ils sont plus graciles et un certain dimorphisme sexuel apparaît : les femmes diffèrent légèrement des hommes par leur morphologie encore plus gracile.

Les Hommes du Mésolithique sont bien connus. De nombreuses sépultures mésolithiques ont été découvertes. Parmi les sites importants, il faut citer en

LES DERNIERS PEUPLES CHASSEURS

Bretagne ceux de Téviec et Hoëdic, en Aquitaine celui de Rochereil ou du Cuzoul de Gramat, dans l'Ain celui des Hoteaux. D'autres sites ont été découverts dans les Pyrénées, dans la région méditerranéenne, en Ardèche, en particulier la Baume de Montclus, et même en Corse, le site d'Araguina-Senola, à Bonifacio. À l'exception des gisements bretons, les fossiles se situent au sud d'une ligne oblique joignant approximativement l'estuaire de la Gironde et le lac Léman. De nombreuses découvertes ont été faites en Europe du Nord, en Europe centrale (Crimée) et dans les pays du nord du Bassin méditerranéen : Espagne (Cuartamentero), Italie (Arene Candide), Grèce, Turquie, Israël (Mallaha) et Afrique du Nord.

Le culte des morts et les rites funéraires deviennent complexes avec des règles bien précises. Par exemple, à Téviec et Hoëdic, en Bretagne, de véritables nécropoles ont été mises au jour, avec des juxtapositions de tombes. Dans le premier site, dix tombes contenaient au total vingt-trois individus. Ce sont les premières sépultures collectives. Chaque tombe était pourvue d'un véritable dispositif architectural indépendant.

Les individus étaient inhumés dans des fosses en pleine terre, sans parement, souvent avec une orientation préférentielle : assis, adossés à l'une des parois de la fosse ou couchés sur le dos. Leurs membres inférieurs sont toujours fortement fléchis, ce qui laisse penser qu'ils étaient peut-être attachés, mais ce n'est pas certain, et les mains sont généralement plaquées sur le thorax. Il y avait un mobilier funéraire : lame de silex dans les mains, bois de cervidés recouvrant parfois la tombe, manches d'outils, stylets en os de cerf, bâtons percés, etc. Ils étaient sans doute enterrés avec un véritable costume funéraire orné d'éléments de parure, des colliers, des bracelets, des résilles sur le crâne. Dans la plupart des cas, de l'ocre a été répandu sur les corps, témoignant d'une volonté de donner une vie nouvelle au défunt.

Les cultures de l'Épipaléolithique et du Mésolithique sont extrêmement variées et les préhistoriens les ont individualisées par dizaines dans différentes régions du monde grâce à leurs outils très caractéristiques. Mais au-delà de ce particularisme culturel régional, l'ensemble des outillages du Mésolithique est marqué par le microlithisme qui pourrait traduire un souci d'alléger l'outillage : petites lamelles très fines, petits perçoirs, tout petits grattoirs.

On assiste à l'invention capitale de l'outil composite. Par exemple, cet outil constitué d'un harpon et d'une hampe dans laquelle sont fichées de très petites barbelures de silex d'à peine quelques millimètres, dont la taille demandait sans doute une grande habileté car certaines tiennent à peine entre les doigts de la main. Ces microlithes géométriques, trapèzes, triangles, demi-lunes, petites pointes, étaient fixés sur des armatures probablement à l'aide de matières végétales servant de colle. Certaines devaient être situées au bout d'une hampe et constituer une pointe de flèche. En outre, l'industrie en os ou l'industrie en bois de cerf se diversifie dans tous les pays européens : par exemple, les harpons du Maglemosien en Angleterre ou même dans les pays africains.

Certains de ces outils, en particulier les petites pointes de flèches, témoignent de l'invention de nouvelles armes de chasse qui ont certainement permis de très grands progrès. Nous ne savons pas exactement quand ni comment fut inventé l'arc, mais il est représenté de façon indubitable dans l'art pariétal du Levant espagnol où des hommes chassent avec un arc. L'Azilien, qui conserve les caractères d'un magdalénien final, semble avoir connu l'arc car les pointes aziliennes conviennent, tant par leur forme que par leur poids, à des armatures de flèches.

L'invention de l'arc a sans doute été favorisée par les transformations du paysage. C'est une époque où la forêt se développe ; or l'arc est un outil formidable pour y chasser car il permet de s'approcher assez du gibier que l'on veut abattre et de lancer un projectile avec une très grande force. Déjà, les Magdaléniens avaient inventé le propulseur à crochet pour projeter

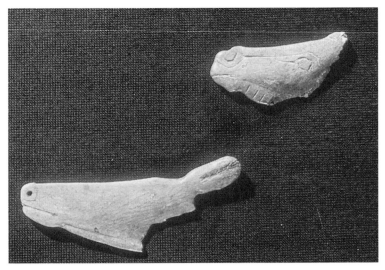

Fig. 73. – *Contours découpés en os.*

Fig. 74. – *Propulseur de la grotte d'Enlène, Ariège, avec deux bouquetins affrontés.*

leurs sagaies avec une grande puissance grâce à la technique du levier. Mais l'arc donne au projectile une vitesse encore plus grande, il accentue considérablement sa force de pénétration, sa précision et sa portée.

L'art mésolithique présente des traits caractéristiques. Il évoque un art décadent, ce n'est plus le grand art animalier du monde paléolithique quaternaire. La sculpture azilienne, une sculpture épipaléolithique constituant l'aboutissement ultime de la civilisation magdalénienne, n'est pas un grand art pariétal ni un grand art mobilier. C'est un art abstrait de caractère schématique, qui continue l'art quaternaire en l'infléchissant.

En effet, les sols d'habitat aziliens ont livré de nombreux galets peints, parfois incisés, parfois gravés, qui représentent des motifs très simples, certainement de valeur symbolique. Certains ont été découverts dans des cultures mésolithiques, par exemple en Italie, en Calabre, ou en Espagne à San Grégori. Mais il existe un autre art mésolithique sur les côtes orientales de l'Espagne appelé « art levantin » et qui est plus figuratif. Certaines scènes de la vie quotidienne ont été représentées comme le ramassage du miel au sommet d'un tronc d'arbre, la chasse à l'arc, la poursuite du gibier, ou la faune variée que ces Hommes pouvaient encore chasser.

L'HOMME PREMIER

Le mode de vie de ces Hommes est celui de peuples chasseurs. Surtout pour les peuples de l'Épipaléolithique, la chasse est l'activité dominante grâce à la nouvelle technologie de l'arc. Dans la zone atlantique, ils chassent les animaux de forêt, cerf, chevreuil, lapin, tandis qu'en Europe du Nord, le gibier principal demeure le renne.

La pêche avait été inventée par les Hommes du Paléolithique supérieur, elle se développe considérablement au Mésolithique. Alors qu'elle était autrefois orientée vers les rivières, pour la première fois sa pratique en bord de mer peut être mise en évidence. Il existait des habitats, des campements spécialisés dans la pêche comme dans la Baume de Montclus où il n'y a presque pas de faune de grands herbivores, mais où l'on trouve de nombreux vestiges de poissons. Ce sont souvent des habitats très temporaires liés à une activité spécifique comme le séchage ou le boucanage.

Par ailleurs, la récolte intensive se développe. Nous avons parlé de la récolte intensive des céréales dans le Natoufien au Proche-Orient, une culture qui précède le Mésolithique : elle va se développer dans les cultures mésolithiques de toute l'Europe et d'Afrique du Nord. La récolte intensive de céréales et de végétaux divers (fruits, lentilles, pois) devait représenter une proportion importante de l'alimentation et faire l'objet de cueillettes sélectives et de stockage. La chasse a pris au cours du temps une part de moins en moins importante dans les activités humaines. La part essentielle de l'alimentation sera de plus en plus d'origine végétale.

Cette cueillette intensive est attestée par de nombreuses découvertes dans divers sites : noisettes carbonisées ; des fruits et des pépins carbonisés ont été trouvés à Téviec et Hoëdic en Bretagne, et en Provence, dans la grotte de Fontbregoua.

Des villages, des habitats permanents, s'édifient alors dans les zones de récolte intensive. Ils deviennent le point central à partir duquel est organisée la cueillette et où sont stockés ses produits. Si, dans certaines régions, apparaît la récolte intensive de coquillages, ailleurs, par exemple au bord de la mer, est pratiquée la récolte intensive de coquilles marines. C'est à cette époque qu'apparaissent les premiers amas coquilliers. Les abris le long de la côte contiennent souvent des amas caractéristiques de coquillages associés à des cendres. Loin du rivage, que ce soit en Afrique du Nord ou dans nos régions, des amas coquilliers apparaissent aussi, mais de coquilles terrestres, comme à Ventabren, dans les Bouches-du-Rhône, où de véritables amas de coquilles d'escargots terrestres remplis de cendres ont été découverts. Il s'agit de récoltes intensives de céréales dans certains cas, des récoltes intensives de coquilles marines dans d'autres cas, ou encore d'escargots. Récoltes intensives et protoagriculture sont liées car très rapidement les Hommes vont apprendre à cultiver.

Il existait aussi un proto-élevage. Les plus anciennes traces de domestication remontent au Mésolithique, en particulier celle du chien qui remonte à 10 000 ans avant notre ère. En effet, dans le petit village natoufien de Mallaha, des chiens ont été trouvés enterrés à côté des maisons, parfois dans les sépultures. En France aussi, dans l'Isère, pour la première fois un chien domestique du Mésolithique a été découvert. D'autres traces de domestication du chien existent encore en Angleterre, par exemple à Star Car dès 7 500 ans avant J.-C. ou à Maglemose, au Danemark, vers 6500 avant J.-C. Un gisement de Provence, le grand abri de Châteauneuf-les-Martigues dans les Bouches-du-Rhône, tout près de Marseille, recelait également un chien domestique.

Il semble aussi que ce soit au Mésolithique qu'apparaisse pour la première fois la domestication du mouton. Les archéologues ont démontré que c'était le cas en Iran, dès le VIIe millénaire avant J.-C. Il se retrouve également au début du VIe millénaire à Châteauneuf-les-Martigues. Cet élevage est encore sommaire et ne deviendra prépondérant qu'au Néolithique. Il a été vraisemblablement introduit en Méditerranée occidentale à partir de foyers de domestication proche-orientaux.

LES DERNIERS PEUPLES CHASSEURS

Les Hommes continuent à vivre dans des grottes, dans des abris sous roche, en particulier sur le littoral, mais les conditions climatiques étant plus douces, ils s'installent de plus en plus en plein air. Il a été remarqué que les habitats mésolithiques étaient édifiés de préférence sur des terrains sableux : dunes, dépôts de sable, affleurements sableux géologiques vraisemblablement plus stables que des sols argileux lorsqu'il pleut puisque le sable est perméable. Ils sont en général très sommaires, de simples murettes ou une cavité naturelle, ou encore des tentes pour se protéger de la pluie. L'aménagement du foyer est bien particulier, ainsi dans la grotte de Montclus, en Ardèche, où ont été mis en évidence des foyers aménagés de pierres alignées qui semblent constituer une sécherie de poisson ; ce gisement au bord de la rivière était sans doute un abri de pêcheurs.

La nécessité ou l'envie de se déplacer à la surface des eaux a dû apparaître très tôt. De la simple natation à la navigation primordiale qui permet des déplacements plus longs et moins fatigants, une succession de progrès techniques peut être soupçonnée sans qu'aucun document préhistorique ne vienne à l'appui d'un raisonnement logique. Quelques arguments, fondés sur l'étude du peuplement des îles, militent en faveur de l'existence d'une navigation prénéolithique. En Corse, dans l'abri Curacchiaghiu, un niveau renferme une industrie très fruste datée de 6600-6500 avant J.-C. Dans un autre abri de l'île, près de Bonifacio, un squelette a été mis au jour dans une couche dépourvue de céramique et datée de 6750 avant J.-C. La Corse a donc été peuplée au début du VIIe millénaire, ce qui prouve que, dès ce moment, l'Homme était capable de franchir le bras de mer séparant cette île de l'archipel toscan (45 kilomètres environ). À la même époque, dans la mer Égée, la Crête était déjà peuplée (Cnossos, 6100 avant J.-C.) et mille ans plus tôt, l'obsidienne de Mélos était importée en Grèce continentale (7350 avant J.-C.).

Chapitre 9

LA NÉOLITHISATION

La néolithisation est un phénomène pour ainsi dire planétaire. Vers le VII° millénaire avant notre ère, il y eut un changement extraordinaire dans le mode de vie des Hommes, qui ne vécurent plus simplement de chasse, de cueillette et de pêche, comme c'était le cas à l'origine, mais devinrent producteurs de nourriture, rompant l'équilibre traditionnel avec la nature.

Lorsque la faune devient moins abondante, il est évident que la population diminue. Ou lorsque le climat est plus sec et que la flore se raréfie, la disette réduit le nombre d'Hommes. Par contre, quand le climat est plus humide, les produits naturels consommables sont beaucoup plus abondants, et les troupeaux d'herbivores, qui sont bien alimentés, se multiplient, si bien que la population s'accroît. Il y a donc un équilibre permanent. À partir du moment où l'Homme va produire sa nourriture en se faisant cultivateur, notamment de céréales, et pasteur grâce à la domestication, il va rompre cet équilibre.

L'invention de la culture et de l'élevage va entraîner non seulement la production de nourriture, mais aussi une certaine accumulation de richesses et la sédentarisation. Pour la première fois, les Hommes ne sont plus simplement des nomades, ils se fixent sur le sol, ils construisent des villages. Ce sont de simples maisons de bois, parfois de pierre là où celle-ci est abondante comme dans le Midi méditerranéen. Plusieurs maisons forment un village, qui se différenciera petit à petit avec l'apparition de la maison du chef puis des constructions plus monumentales, collectives, jusqu'à donner les premières villes.

L'explosion démographique, la sédentarisation, la construction de villages vont entraîner un mode de vie très différent caractérisé par une plus grande spécialisation des tâches, avec des chefs, des prêtres, des potiers, plus tard, lorsque l'Homme aura inventé la métallurgie, des forgerons et des soldats, c'est-à-dire une transformation complète de la société. C'est l'ensemble de ces phénomènes socio-économiques qu'on appelle la « néolithisation ».

Elle s'installe simultanément aux environs du VIIe millénaire dans différentes régions de la planète. En Anatolie, par exemple, apparaît la culture du blé,

LA NÉOLITHISATION

de l'orge, de la lentille, et aussi la domestication de la chèvre et du mouton. Or, nous savons qu'à la même époque, dans une région totalement différente, en Afrique subsaharienne autour du lac Tchad, beaucoup plus grand que l'actuel, la culture du mil a fait son apparition. Ailleurs, dans le sud de la Thaïlande, la culture du riz est développée, ou en Chine, celle du millet. Enfin, sur un autre continent, dans les Amériques, qui étaient déjà largement peuplées, en particulier en Amérique centrale, dans le sud du Mexique, les Hommes cultivent le maïs, le haricot et même le piment. Ainsi, dans différentes parties du globe, des groupes humains, sans avoir aucune possibilité de rencontre et d'échange, ont trouvé des solutions comparables pour subvenir à leurs besoins et produire leur nourriture.

Ce nouveau mode d'alimentation a provoqué une explosion démographique. Peut-être en même temps que le partage des tâches et la sédentarisation, il a favorisé l'allongement de la vie. L'espérance de vie des Hommes du Paléolithique était de l'ordre de vingt à vingt-cinq ans, un peu plus dans certaines cultures du Paléolithique supérieur ; elle passe à quarante ans et parfois plus dans les populations néolithiques.

Le Néolithique correspond à un changement climatique extraordinaire. Entre 6800 et 5500 avant notre ère, à une époque que les préhistoriens appellent

« période boréale », le réchauffement climatique se généralise. Une certaine sécheresse permet aux pins et aux noisetiers de coloniser de grandes étendues. La période dite « atlantique » (5500 à 2500 avant J.-C.), qui voit se développer les premières civilisations agricoles, est caractérisée par un climat doux et humide, plus chaud vers la fin. La forêt tempérée – chênaie mixte : chêne, orme, tilleul – connaît alors une grande extension.

Malgré ces changements de température et sans doute parce que leurs possibilités d'adaptation étaient grandes, certaines espèces comme l'aurochs et le cheval se sont maintenues. Chamois et mouflons se cantonnent en altitude tandis que les espèces forestières comme le sanglier et le cerf se développent.

Les peuples qui colonisent l'Occident au début du Néolithique ne ressemblent pas à leurs prédécesseurs du Mésolithique. Ils sont d'une stature réduite et d'une extrême gracilité, traits qui s'effaceront au cours des siècles sauf dans quelques régions d'Europe centrale. Leurs crânes sont moins allongés et plus aplatis à l'arrière. Au cours du Néolithique moyen, l'apport méditerranéen se renforce et le substrat mésolithique disparaît totalement, sauf dans le nord de l'Europe.

Au Néolithique final et au Chalcolithique se forment des groupes compacts dont la morphologie rappelle celle des Hommes mésolithiques de Téviec et d'Ofnet. Ces grands Hommes brachycéphales, c'est-à-dire au crâne beaucoup plus court, à face et orbites basses, se répandent en Suède, dans les régions drainées par le Rhin et le Danube, envahissent massivement les îles Britanniques. Plus tard, leur poussée le long du Rhône les conduit jusqu'en Catalogne. Les sépultures du Néolithique final de l'Île-de-France montrent des sujets brachycéphales de type archaïque, ce qui semble signifier que de vieilles populations se sont peu à peu consolidées et ont connu un véritable essor démographique.

Les civilisations néolithiques d'Europe et du Bassin méditerranéen ont été importées du Proche-Orient. Elles sont en effet apparues sur un espace qui s'étendait de l'Iran à la Turquie et se sont diffusées très lentement vers l'ouest, le long des grandes voies de pénétration naturelles, le littoral méditerranéen et les grands fleuves, en particulier le Danube.

Dans la zone méditerranéenne de la France, le Néolithique ancien est représenté par la civilisation cardiale à poterie imprimée en Provence et dans le Languedoc. En Europe du Nord, ce sont les civilisations danubiennes à poterie rubanée. À partir du Néolithique moyen, vers 4000-3000 avant notre ère, une culture à vocation agricole appelée « chasséen » se développe entre les Pyrénées et les Alpes et s'étend sur une grande partie du territoire français.

Les Hommes s'initient rapidement aux rudiments de la métallurgie de l'or et surtout du cuivre, qu'ils sauront bientôt allier à l'étain : on entre alors dans l'âge des métaux.

Au Néolithique, le mode de vie change radicalement en même temps qu'apparaissent de nouvelles technologies. Le changement concerne d'abord l'habitat. L'économie de production oblige les Hommes à se sédentariser. Ils construisent les premières maisons, les premiers villages. Sur certains sites de Turquie, apparaissent de petites citadelles et même de véritables villes autour d'une acropole. On ne retrouve rien de comparable dans le Néolithique occidental, sauf à la fin, au Chalcolithique où vont se construire de véritables villages fortifiés. En Occident, jusqu'à la fin du Néolithique moyen, prédomine le village agricole souvent situé sur un monticule, à proximité de grandes terres cultivables et d'une source. Les cabanes d'une même civilisation se ressemblent toutes, ce qui est l'indice d'une société peu hiérarchisée. Au fur et à mesure de leur progression vers le nord, les Chasséens ont recherché les éperons barrés faciles à défendre (Chassey, en Saône-et-Loire). Au Néolithique final et au Chalcolithique, des fortins ont été érigés et parfois de véritables forteresses dans la péninsule Ibérique, le midi de la France et l'Italie.

L'économie néolithique est essentiellement agricole. La plupart des paléobotanistes situent à la charnière eurasienne, notamment en Anatolie, les premières cultures de céréales. Ils s'appuient sur l'existence, dans ces régions, d'ancêtres possibles des plantes cultivées qui n'existent pas dans les autres régions où les céréales semblent avoir été introduites à l'état domestique.

L'engrain ou petit épeautre dérive d'une espèce sauvage assez proche du blé qui croît dans les Balkans, en Grèce, en Bulgarie, dans le Caucase, en Turquie et au nord de l'Irak. La domestication de cette espèce s'est effectuée en Anatolie, dans le sud-est de la Turquie, et on la voit apparaître dès le Néolithique ancien dans tous les sites européens. L'amidonnier ou emmer a été domestiqué dans la vallée du Jourdain. À l'état sauvage, il pousse en Transjordanie, en Israël et dans le sud de la Syrie. Ces deux espèces de blé ont généré, par une série d'hybridations, le froment ou blé tendre, qui s'est répandu très tôt dans les premières communautés paysannes.

L'orge pousse à l'état sauvage en Asie Mineure (Liban, Syrie, Palestine, Iran, Irak) et apparaît très vite sous forme cultivée dans la zone dite du « Croissant fertile ». Dans le Sud-Est asiatique et même en Océanie apparaît presque simultanément (peut-être légèrement après, tout dépend des régions) la culture des tubercules. Les constructions de canaux, les aménagements pour en favoriser la culture peuvent être mis en évidence très tôt.

Au Proche-Orient, les sites de Jarmo, Shanidar et surtout Catal Hüyük montrent le passage d'une économie primitive à celle des cultivateurs de blé. À partir de 6500 avant J.-C., des communautés villageoises importantes se forment en Irak, en Syrie, au Liban, en Palestine et dans les régions méditerranéennes de la Turquie. C'est donc à cette époque qu'apparaissent pour la première fois des groupes humains, dont l'alimentation ne dépend plus des aléas de l'environnement, qui s'organisent en communautés agricoles et domestiquent le paysage.

L'élevage est le second élément de cette économie. La domestication a pour effet de protéger certaines espèces animales et d'en favoriser le développement par un choix judicieux. À la reproduction hasardeuse l'Homme du Néolithique substitue des croisements au sein des mêmes troupeaux, accentuant la diversification par consanguinité, si bien qu'il arrive à créer les premières espèces domestiques, par exemple le mouton, qui a été une évolution du mouflon par sélection progressive.

Le mouton a certainement été le plus ancien animal d'élevage : il apparaît en cours de domestication à Shanidar, au nord de l'Irak, vers 9 000 ans avant J.-C., dans un milieu pas encore néolithique mais mésolithique, ainsi que sur les rivages de la Méditerranée. La chèvre apparaît également à l'état domestique à une

LA NÉOLITHISATION

époque très ancienne, par exemple à El Khiam, en Jordanie, dans une culture antérieure à l'invention de la céramique, vers 7 000 ans avant J.-C. Le porc est domestiqué un peu plus tard, à partir de diverses espèces locales du sanglier. Sa présence a été mise en évidence à Jarmo, en Mésopotamie, dès 6 500 ans avant notre ère et son élevage va se généraliser à partir du Néolithique moyen, c'est-à-dire au début du Ve millénaire. C'est à la même époque que se développe l'élevage du bœuf, en Palestine et en Grèce du Nord. Par contre le cheval, qui était l'animal de base des civilisations de chasseurs du Paléolithique, a disparu à l'état sauvage et ne sera réintroduit à partir d'Asie centrale qu'à une époque plus récente, à l'extrême fin du Néolithique en Europe orientale, et au Chalcolithique sur les bords de la Méditerranée occidentale. En Égypte et en Orient, l'âne servait de bête de somme dès le IVe millénaire.

Toutefois, les renseignements sur l'élevage font grandement défaut. Il y a lieu de penser que les premiers troupeaux de moutons impliquaient un semi-nomadisme du fait de la nécessité de trouver des pâturages. Les premiers pasteurs du Néolithique ont entrepris d'importants défrichements pour nourrir leurs cheptels.

L'élevage avait des buts multiples : il fournissait la viande, le lait, la laine, la force de trait. Dès le Néolithique moyen, la présence de faisselles indique la préparation de fromages. Quelques scènes d'élevage sont représentées dans l'art du Levant espagnol : berger entouré de chèvres, domestication et équitation.

L'agriculture et l'élevage sont les deux piliers de l'économie de production néolithique qui constitue un véritable bouleversement dans l'histoire de l'humanité. Mais la « révolution néolithique » n'est pas vraiment une révolution puisqu'elle s'est faite progressivement. Elle s'amorçait en effet déjà dès la fin des peuples chasseurs avec la récolte intensive des céréales et les premières domestications. La néolithisation n'a pas été

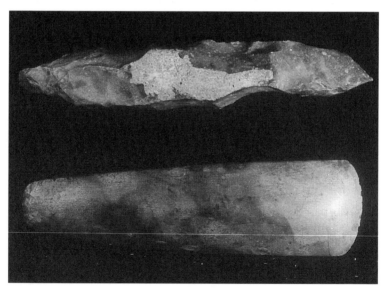

Fig. 75. – *Outils néolithiques : pic et hache en pierre polie.*

brutale même si, à l'échelle de l'humanité, elle fut relativement rapide et planétaire.

Elle va entraîner l'apparition d'une nouvelle technologie. Pour la culture des céréales, il faut des outils appropriés, en particulier pour les couper. C'est alors qu'apparaissent les faucilles. Au début, ce sont de longues lames allongées, en silex, inscrites dans des manches qui devaient les tenir. Elles présentent un lustre caractéristique qui permet de les reconnaître. Ce sont des outils composites avec éventuellement des éléments interchangeables. Par ailleurs, il faut écraser le grain pour en faire de la farine. Les Hommes transforment alors de grandes pierres, en général des molasses ou des pierres un peu tendres comme le grès, en meules et, pour y écraser le grain, des galets en molettes (Fig. 77).

L'une des inventions clés de cette époque est celle de la céramique. Pour la première fois, les Hommes vont posséder des pots de terre. Au Paléolithique supérieur, ils avaient sans doute des récipients, des vases creusés éventuellement dans du bois (dont la découverte reste à faire), ou des outres en peau pour transporter de l'eau, chauffer certains aliments, fabriquer des bouillons, comme certaines observations sur différents chantiers de fouilles permettent de le penser. Mais ces récipients faciles à transporter étaient fragiles. À partir du Néolithique, les Hommes se sédentarisent et peuvent avoir des récipients plus lourds, plus

Fig. 76. – *Vase chalcolithique, Fontbouisse, Hérault.*

fixes, pour conserver les céréales ou les laitages. C'est alors qu'ils inventent la céramique ou la poterie.

La céramique est l'art de façonner l'argile et d'en fixer les formes par la cuisson. Trois opérations essentielles sont requises dans la poterie : d'abord, le lavage et le pétrissage de la terre destinés à lui donner l'homogénéité nécessaire, à en chasser les corps étrangers, les bulles d'air. Le moyen le plus simple consiste soit à piétiner la terre, soit à la battre. Ensuite, le façonnage qui se fait d'abord entièrement à la main en partant d'un boudin de terre appelé « colombin ». Les anneaux sont posés les uns sur les autres et pétris à la main. Les

LA NÉOLITHISATION

parties annexes, les anses, les goulots, sont exécutés à part et fixés avec de l'argile délayée. Enfin, il y a la cuisson : il peut s'agir d'un simple séchage au soleil ou d'une cuisson au feu de bois en plein air.

Très souvent et très tôt, ces poteries ont été décorées avant la cuisson avec des bourrelets obtenus par repoussement ou pincement de la terre encore molle, ou des ornements tracés avec le doigt, l'ongle et même parfois avec un coquillage (Fig. 76). Par exemple, dans la civilisation cardiale, première culture néolithique du Bassin méditerranéen, les poteries sont décorées à l'aide d'un coquillage, le cardium, d'où les noms de poterie ou de civilisation « cardiale ».

Ces Hommes doivent défricher la forêt et travailler la terre : ils fabriquent donc des haches en pierre polie, souvent en roches dures qui sont polies par abrasion, ce qui vaut à ces cultures le nom de « civilisation de la pierre polie ». Le polissage a d'abord été appliqué au travail de l'os par les chasseurs paléolithiques. Mais au Néolithique le façonnage des outils par abrasion l'emporte sur celui du raclage qui prévaut dans l'industrie de l'os. Il s'exerce sur des roches dures, y compris le silex, afin de fabriquer des objets tranchants, des statuettes et des récipients. Dans certains cas, le polissage n'était qu'une étape du processus de fabrication. Ainsi, les poignards du Chalcolithique méditerranéen étaient polis avant d'être retouchés par pression.

Fig. 77. – *Meule et mollette du Néolithique.*

L'âge de la pierre polie semble être en progrès sur l'âge de la pierre taillée. Il est sans doute plus efficace pour que l'Homme ait consacré tant de temps à sa fabrication : polir une pierre dure devait être un travail long et ardu. Parfois, le polissage ne se limite qu'au tranchant qui est la partie active de la hache. Ces haches en pierre polie étaient soit des herminettes destinées à cultiver la terre, soit de véritables haches destinées à couper le bois (Fig. 75).

Les Hommes conservent un outillage de pierre traditionnel – des faucilles, des petites lamelles, des pointes de flèches – car ils continuent aussi à être chasseurs même si la chasse, de plus en plus occasionnelle, surtout dans le Néolithique ancien, fournit une part toujours plus faible de leur alimentation.

LA NÉOLITHISATION

Fig. 78. – *Pointes de flèches du Néolithique.*

La hache et la flèche vont bientôt devenir de véritables armes à la fin du Néolithique, en particulier dès le Chasséen et au Chalcolithique. Des flèches très élaborées avec des pointes, des barbelures, des pédoncules et des ailerons vont devenir de véritables armes de guerre (Fig. 78).

L'explosion démographique a entraîné une surpopulation relative. Tout le territoire est occupé, que ce soit des sites de plein air sur lesquels les villages s'installent au bord de terres cultivables, ou des grottes dans lesquelles des populations continuent à vivre. Cela va entraîner l'apparition de sépultures collectives

Fig. 79. – *Hypogée de Roaix, Vaucluse.*

et tout d'abord des hypogées. Dans sa forme la plus simple, l'hypogée est une tombe creusée dans le roc à laquelle on accédait par un puits ou par un escalier.

L'hypogée de Roaix, à 6 kilomètres de Vaison-la-Romaine, dans le Vaucluse, est une vaste cavité artificielle de 6 mètres de profondeur. C'était sans doute à l'origine une grande nécropole circulaire de 9 mètres de diamètre dont deux couches principales ont été mises au jour. La couche inférieure, qui date de 2 150 ans avant J.-C., c'est-à-dire du Chalcolithique, est formée d'ossements en désordre, très fragmentés. La couche supérieure, qui remonte à 2 090 ans avant J.-C., comporte un empilement extraordinaire de squelettes en parfaite conservation anatomique mais disposés de manière anarchique : hommes, femmes et enfants sont mêlés sans ordre (Fig. 79).

Il y a aussi des mégalithes. À la fin du Néolithique, de grands dolmens à couloirs recouverts d'un tumulus (cairn) sont élevés en Armorique, dans le pays charentais et sur la façade atlantique de la péninsule ibérique. Ces constructions mégalithiques se sont ensuite étendues dans toute l'Europe occidentale et septentrionale, dans les pays méditerranéens, au Proche-Orient et plus tard en Afrique.

Les dolmens, les chambres circulaires à voûtes à encorbellement et les allées couvertes furent des sépultures collectives régulièrement occupées pendant deux mille ans. Leurs formes sont extrêmement variées mais elles ont la même fonction de rassembler dans un espace clos tous les morts d'un clan. Ces constructions monumentales sont aussi l'expression d'une solidarité qui s'est manifestée lors de leur édification et continue de s'affirmer dans leur utilisation. Certaines dalles sont très grandes et très lourdes, il faut pouvoir les transporter sur une certaine distance et cela implique une organisation sociale. Il faut des ingénieurs, des chefs de travaux qui savent manipuler le levier, la traction pour redresser les menhirs parfois très hauts ou mettre de grosses dalles au sommet d'une construction de pierres levées.

Dans certaines, il est possible de mettre en évidence, pour la première fois, que des Hommes ont été massacrés. Dans la couche supérieure de l'hypogée de Roaix, par exemple, de nombreuses pointes de flèches sont fichées dans les os et l'âge individuel des squelettes indique la présence d'une population entière. À cette époque, la mortalité humaine présentait des pics : à la naissance, aux environs de neuf ans, vers trente, trente-cinq, quarante ans. Or dans ce cas il s'agit d'individus de tous les âges constituant un cliché de la démographie de cette période. Jean Courtin considère que c'est une couche de guerre, c'est-à-dire un village totalement détruit, rasé.

Sans doute, le développement de l'agriculture et de l'élevage a entraîné l'accumulation des richesses. Dans certains villages, de grandes quantités de céréales ont été stockées quand la récolte a été bonne. Les vases en céramique sont remplis de blé, d'orge, de lentilles. Le troupeau est prospère, il y a beaucoup de moutons, de chèvres, d'agneaux. Tandis que dans le village voisin les résultats sont moins bons. Les récoltes ont été mauvaises car les terres étaient sèches et les Hommes n'ont pas su les arroser suffisamment. Les silos sont vides. Le troupeau a été décimé par une maladie ou une épidémie, il y a peu d'animaux sur pied. Les Hommes ont donc envie d'aller prendre ce qu'il y a dans le village voisin à quelques dizaines de kilomètres.

LA NÉOLITHISATION

C'est ainsi que les premiers affrontements violents, les premières guerres de nos civilisations, ont eu lieu.

Ces sépultures ne sont pas seulement des tombes anonymes où s'accumulent les dépouilles de nombreuses générations. La conception bien particulière des façades et l'aménagement des aires face aux monuments témoignent de cultes funéraires élaborés. Dès le début du Néolithique, la naissance d'une religion est évidente, certainement sans aucun rapport avec celle des peuples chasseurs. Au Proche-Orient certains rites d'un culte du couple divin primordial ont été mis en évidence. D'abord, le culte du dieu Taureau qui était le maître de la foudre, de l'orage, le dispensateur de la pluie fertilisante dont les peuples agriculteurs ont besoin. Le bruit du tonnerre, c'est le cri du taureau et la foudre est brandie par ce dieu de l'orage. Les Hommes l'invoquent pour qu'il vienne fertiliser la terre en dispensant la pluie du ciel. Un autre culte apparaît simultanément, celui de la déesse Terre. Dans les premières civilisations néolithiques du Proche-Orient, il existe des figurines féminines aux formes avantageuses évoquant celles du Paléolithique mais dans un contexte culturel et religieux très différent, qui sont parfois parturientes. Ce culte du couple divin primordial vient du fond des millénaires constituer les traditions des peuples agriculteurs et pasteurs. Dans certains sites cérémoniels, il existe autour des sépultures des témoignages de cette vénération du couple divin primordial, la figuration de la déesse Terre ou l'évocation du dieu Taureau.

    Ces sépultures nous apprennent également que, pour la première fois, l'Homme est capable d'intervenir sur lui-même. C'est alors qu'apparaissent les premières interventions de chirurgie, en particulier la trépanation, véritable acte chirurgical crânien. Des crânes du Chalcolithique, présentent de très larges trépanations. L'orifice laissé par l'ouverture chirurgicale est caractéristique, il est elliptique. Il possède une berge en biseau taillée aux dépens de la table externe dans le but de ne pas léser l'enveloppe méningée. Si l'opéré a survécu – il survivait souvent, mais pas toujours, car c'était assez brutal –, la berge est recouverte d'une mince lame osseuse cicatricielle. Alors que si le décès survient assez rapidement, la section osseuse reste telle quelle. La trépanation était effectuée généralement sur les parois frontales et pariétales, rarement sur l'axe du crâne, car les chirurgiens du Néolithique avaient remarqué que l'atteinte du sinus longitudinal entraînait la mort immédiate.

    La chirurgie crânienne traduit un véritable esprit scientifique chez les praticiens empiriques et aussi l'existence de rapports sociaux élaborés où apparaissent la confiance du patient et l'ascendant du thérapeute. Quel était le but de ces trépanations ? Était-ce un but chirurgical pour guérir des maux de tête ? Était-ce dans un but rituel ? Il est bien difficile de répondre à cette question.

D'autres constatations paléopathologiques témoignent de pratiques d'assistance indiscutables qui ont permis la survie de certains traumatisés ou handicapés.

Chapitre 10

L'ÂGE DES MÉTAUX

Entre 2500 et 700 avant notre ère, tout au long des âges du Cuivre et du Bronze du Sub-Boréal, le climat semble avoir été moins chaud et, par endroits, plus sec qu'à la période précédente. L'humidité augmente notablement dans certaines régions. La chênaie mixte recule, tandis qu'en altitude, le hêtre, le sapin et l'épicéa gagnent du terrain.

Vers 700 avant J.-C., au moment où débute l'âge du Fer du Sub-Atlantique, un refroidissement s'amorce avec une augmentation des précipitations. On relève une forte extension du hêtre et du charme tandis que l'Homme, devenu un facteur écologique essentiel, défriche et cultive de plus en plus, remaniant ainsi considérablement le milieu naturel.

À partir du Chalcolithique, le processus de gracilisation morphologique se poursuit, aboutissant par

Fig. 80. – *Le mont Bego, Tende, Alpes-Maritimes. Une montagne sacrée de l'âge du Bronze.*

évolution graduelle aux Hommes actuels. En Israël et au Liban, la grande majorité des crânes mis au jour sont du type méditerranéen gracile, tandis qu'en Anatolie, la prédominance des méditerranéens robustes se poursuit. À l'est, en Irak et en Iran, ils sont mélangés à des méditerranéens graciles. Les représentants des groupes alpins sont minoritaires au Chalcolithique et à l'âge du Bronze ancien. Quant aux restes attribués au groupe dinarique, ils sont encore rares (Irak, Turquie, Israël).

Ainsi, dès le début de l'âge des métaux (2500 avant J.-C.), les trois grands types – méditerranéen (avec ses

L'ÂGE DES MÉTAUX

deux variétés, gracile et robuste), alpin et dinarique qui, par la suite, prendront une importance variable selon les époques et les régions – sont déjà installées.

L'âge du Bronze est une étape importante dans l'évolution des sociétés de la zone tempérée de l'Ancien Monde, de la Chine aux îles Britanniques et de la Scandinavie à l'Égypte. Ce métal constitue, avec l'or et l'argent, une richesse qui contribue à la formation des premiers grands États de l'histoire : Mésopotamie, Égypte, Méditerranée, Chine.

Chez les peuples sans écriture, et qui n'entrent donc pas dans la grande histoire, certains groupes ont eu une brillante civilisation, comme, vers 2000 à 1500 avant J.-C., celles de Wessex et de l'Armorique ou celle des tumulus d'Europe centrale, puis, vers 1000 avant J.-C., celle des tourbières de Scandinavie ou celle des palafittes de Suisse et de Savoie.

Au cours de l'âge du Bronze, apparaît une nette diversification de l'habitat. Les grottes et les abris sous roche sont largement occupés en terrain calcaire jusqu'au début du Bronze final. Parallèlement, un grand développement des villages de plaine ou de vallée est remarqué. Le village de Dampierre-sur-le-Doubs se dressait en bordure de la rivière et une palissade le séparait de la nécropole. Les cabanes qui le composaient étaient fréquemment quadrangulaires, carrées (5×5 mètres) ou rectangulaires (7×5 mètres). Des vestiges de plancher ont été mis au jour. La dispersion des maisons, désordonnée, ne montre pas un grand souci d'urbanisme.

Au camp Allaric (Vienne), un site d'éperon de 2 hectares, protégé par un rempart en arc de cercle de 250 mètres, a été édifié à la fin de l'âge du Bronze. À l'intérieur se dressaient des habitations quadrangulaires avec, au sud, un foyer en argile cuite lissée. Les cabanes comportaient des poteaux fixés dans le rocher ou calés par des blocs.

Vers 6 000 ans avant J.-C., à Catal Hüyük, en Turquie, les artisans avaient appris à marteler du cuivre

Fig. 81. – *Région du mont Bego. Roche gravée protohistorique dans la vallée des Merveilles.*

natif pour réaliser des objets de parure. Vers 4500 en Iran, l'Homme sait chauffer le minerai dans un four et moule des objets. Ces techniques sont connues en Europe balkanique vers 4 000 ans et se diffusent vers l'Occident entre 3 000 et 2 500 ans avant notre ère.

Pour le Chalcolithique et l'âge du Bronze, les traces d'ateliers de fonderie se limitent souvent à quelques scories : charbons de bois et débris d'argile cuite. En Allemagne du Nord cependant, des fours avec des tuyères ont été exhumés, et en France, les restes de fonderies de l'âge du Fer sont si abondants qu'il a été possible de reconstituer des modèles de forges gauloises.

À l'âge du Bronze, deux grands types de lingotières et de creusets sont connus : petites lingotières donnant des barres à section semi-circulaire et creusets à fond plat ou bombé avec un bec verseur. À l'âge du Fer, les formes de creusets se multiplient pour l'orfèvrerie ou la fabrication des monnaies et certaines formes seront encore en usage à l'époque gallo-romaine.

Dès le Bronze moyen, la forme et la matière des moules se diversifient : moules en pierre pour hache ou pointe de lance, moules multiples permettant la coulée en série. Toute une catégorie d'instruments (marteaux, enclumes, burins, ciselets, etc.) permettait le travail de finissage, ébarbage, polissage, affûtage, décoration. Les analyses métallurgiques permettent de connaître la composition des métaux et des alliages utilisés : cuivres purs ou alliés au Chalcolithique et au Bronze ancien, bronzes à faible teneur en étain et arsenic au Bronze ancien et moyen, utilisation régulière du plomb au Bronze final.

L'une des conséquences de la production métallurgique est le commerce des objets manufacturés et semi-finis. Très tôt, le fabricant s'ingénia à donner une forme originale aux lingots exportés, car les centres de production d'objets manufacturés n'étaient pas toujours les fournisseurs du métal de base. À partir de 2500 avant J.-C., certains groupes humains d'Italie du Nord étaient suffisamment avancés en métallurgie pour proposer loin de leurs frontières quelques pièces en excédent, par exemple avec des autochtones provençaux. À Collorgues, dans le Gard, une pendeloque sculptée sur la poitrine d'une statue-menhir ressemble étonnamment aux produits d'Europe centrale.

La découverte de nombreuses pièces de harnachement et de mors de chevaux en os montre que, vers 1200 avant notre ère, le cheval était devenu un animal de trait. Plusieurs céramiques décorées représentent des chars comme des caisses rectangulaires ou pentagonales reliées aux essieux par un système de fixation triangulaire. L'attelage se faisait par un timon terminé par un joug fixé sur l'encolure des deux chevaux. Le char comportait deux grandes roues à l'arrière et une plus petite à l'avant, chacune ayant quatre rayons.

Fig. 82. – *Vallée des Merveilles. Attelage d'un araire.*

Fig. 83. – *Région du mont Bego. Secteur des Merveilles. Anthropomorphe aux bras en zigzag. Le dieu aux bras de foudre.*

Fig. 84. – *Vallée des Merveilles. La stèle gravée, dite du « chef de tribu ».*

L'ÂGE DES MÉTAUX

Deux roues en bronze coulé, provenant des restes d'un char trouvé dans les Corbières, ont 55 centimètres de diamètre et cinq rayons. Le moyeu est très long et la jante présente une section en U. Des ornements nervurés sont incrustés au centre des roues ou sur le moyeu. La roue était fixée à la jante par dix boulons rivés sur les côtés.

Dans les Alpes françaises, l'ensemble des hautes vallées montagnardes entourant le mont Bego recèle plusieurs milliers de gravures rupestres (Fig. 80). Leur typologie comporte quelques motifs principaux : des coniformes seuls ou en groupe symbolisant des bovidés (Fig. 81, 82) ; des armes (poignards, hallebardes et haches) ; des figures géométriques, réticulés évoquant des champs cultivés, ainsi que des anthropomorphes, petits et dispersés au hasard, ou plus imposants et disposés à des endroits privilégiés (Fig. 83, 84).

Plusieurs types de gravures se succèdent dans le temps. L'étude des formes des armes, par comparaison avec celles de l'âge du Bronze, a permis de préciser les parentés typologiques et la chronologie admise pour ces gravures (Fig. 85). Entre 1800 et 1100 avant J.-C. (âge du Bronze ancien et moyen), des agriculteurs sont venus des régions voisines et ont gravé sur les rochers des éléments de leur vie quotidienne, mais idéalisés et comme codifiés. Il est possible que chacun de ceux qui entreprirent le pèlerinage ait gravé un dessin pour

Fig. 85. – *Région du mont Bego, secteur des Merveilles. Poignard gravé de l'âge du Bronze.*

laisser sa marque, ce qui expliquerait le désordre apparent des motifs, car l'essentiel était le geste à accomplir et non pas le résultat esthétique.

Certaines poteries du Bronze final (Italie, Savoie, couloir rhodanien, façade languedocienne) montrent une série de représentations dont la distribution systématiquement ordonnée en séquences cohérentes semble posséder une signification globale. Ces signes évoquent une proto-écriture, une picto-idéographie, un code dont chaque figure renvoie à une idée et s'articule aux autres pour développer une pensée. Les points et les lignes constituaient peut-être un système de comptabilité. D'autres éléments sont manifestement des symboles représentant le déroulement d'actions.

L'écriture émerge peu à peu dans les régions méditerranéennes : l'alphabet phénicien se construit vers 1200 avant J.-C., l'écriture grecque vers 800 de même que celle de l'Étrurie, à proximité de la Provence et du Languedoc.

CONCLUSION

Dans des milliers de laboratoires à travers le monde une enquête gigantesque a été entreprise : géologues, sédimentologues et pédologues, géomorphologues, géophysiciens et géochimistes, paléoclimatologues, paléontologues et paléobotanistes, anthropologues, analysent les prélèvements effectués au cours des fouilles ; c'est ainsi que, peu à peu, nous parvenons à reconstituer non seulement la vie quotidienne des Hommes préhistoriques, mais aussi leur environnement, le paysage et le climat dans lequel ils vivaient, nous arrivons à dater avec une relative précision les grandes étapes de l'aventure humaine.

Cette histoire débute il y a près de 7 millions d'années lorsqu'un primate, qui acquiert la station verticale bipède, quitte la forêt pour s'aventurer dans la savane. Ses membres antérieurs, alors libérés des tâches de locomotion, s'associent au système cérébral. C'est de ce dialogue entre le cerveau qui ordonne et la main qui agit que va naître un jour la pensée réfléchie.

Vers 2,5 millions d'années ces primates bipèdes, que l'on appelle hominidés, acquièrent un cerveau qui dépasse 600 centimètres cubes et pour la première fois *Homo habilis* possède un langage et taille des outils, premiers témoignages de l'apparition de la pensée conceptuelle.

À l'évolution morphologique et physiologique des êtres vivants se superpose alors une nouvelle dimension : l'évolution culturelle.

Débute alors la prodigieuse aventure humaine, avec le surprenant développement de ses cultures qui va conduire le modeste fabricant de *choppers* au constructeur d'ordinateurs, d'accélérateurs de particules et de vaisseaux interplanétaires.

Grâce à ces deux acquisitions primordiales : la pensée conceptuelle et le langage articulé, une succession d'inventions et d'enrichissements culturels va ponctuer l'histoire de l'humanité :

– avec *Homo habilis*, le premier outil et l'installation d'un campement de base vers 2,5 millions d'années ;

– avec *Homo erectus*, la notion de symétrie et l'acquisition d'un certain sens de l'esthétique, il y a un peu plus d'un million d'années lorsque l'Homme taille les premiers bifaces, la domestication du feu et les pre-

CONCLUSION

miers campements organisés en plein air vers 400 000 ans, l'apparition des traditions culturelles régionales, l'utilisation des colorants, les premiers témoignages d'un rituel, une technique révolutionnaire de la taille de la pierre, le débitage Levallois, vers 300 000 ans ;

– avec *Homo sapiens neandertalensis* et les Hommes modernes anciens, les premiers rites funéraires et la naissance de la pensée religieuse vers 60 000 ans ;

– avec *Homo sapiens sapiens*, l'invention de l'art, il y a un peu plus de 30 000 ans ; les outils composites : harpons dont les barbelures sont constituées de microlithes géométriques et l'apparition des premiers navigateurs qui vont peupler de nouveaux continents.

Enfin, il y a quelques millénaires à peine, l'Homme rompt l'équilibre avec la nature. Il n'est plus alors un simple prédateur qui vit de cueillette, de chasse et de pêche. Il devient producteur de nourriture. Les civilisations des grands chasseurs des temps quaternaires vont rapidement disparaître, cédant la place aux peuples pasteurs et agriculteurs, constructions de villages et capitalisateurs de biens : stockage de viande sur pied grâce aux troupeaux, accumulation de céréales dans des silos en céramique.

Nouvelles acquisitions qui vont complètement transformer l'histoire de l'humanité permettant une extraordinaire explosion démographique et une plus grande spécialisation des Hommes dans les diverses sociétés.

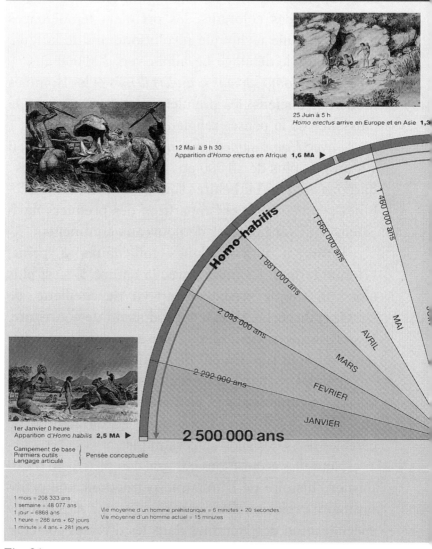

Fig. 86.

AVENTURE HUMAINE

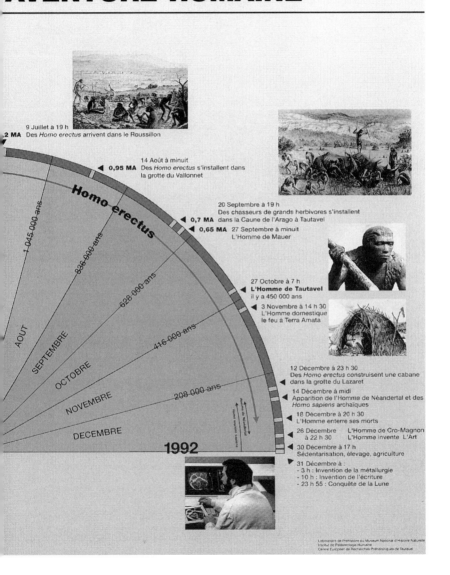

Pour toutes les photographies et les dessins
présentés dans cet ouvrage (excepté ceux avec mention d'auteur) :
© Laboratoire de préhistoire et d'histoire naturelle.

Cartes réalisées par Carl Voyer pour le compte de l'agence Agraf.

Ouvrage publié sous la responsabilité éditoriale de Gérard Jorland.

Table

INTRODUCTION 7

Chapitre 1. DES BIPÈDES ARBORICOLES 15

Chapitre 2. LE PREMIER HOMME 35

Chapitre 3. LES GRANDS CHASSEURS 53

Chapitre 4. LA CAUNE DE L'ARAGO 77

Chapitre 5. LA DOMESTICATION DU FEU 101

Chapitre 6. LES NÉANDERTALIENS 125

Chapitre 7. LES PREMIERS HOMMES MODERNES 149

Chapitre 8. LES DERNIERS PEUPLES CHASSEURS 175

Chapitre 9. LA NÉOLITHISATION 203

Chapitre 10. L'ÂGE DES MÉTAUX 227

CONCLUSION 241

CET OUVRAGE A ÉTÉ COMPOSÉ
ET MIS EN PAGE CHEZ NORD COMPO (VILLENEUVE-D'ASCQ)
ET ACHEVÉ D'IMPRIMER
PAR L'IMPRIMERIE FLOCH À MAYENNE
EN JANVIER 2000

N° d'impression : 47905.
N° d'édition : 7381-0404-5.
Dépôt légal : septembre 1998.
Imprimé en France.